HISPANOAMÉRICA

IDOS

Mississippi

Nueva Orleans
(New Orleans)

Golfo de México

Miami

BAHAMAS

Islas Bahamas

La Habana

CUBA

Mérida

Santiago de Cuba

PUERTO
RICO

San Juan

eracruz

P. de Yucatán

HAITÍ

Santo Domingo

la

BELIZE

JAMAICA

REPÚBLICA
DOMINICANA

GUATEMALA

HONDURAS

Mar Caribe

Guatemala

Tegucigalpa

San Salvador

NICARAGUA

Lago de Maracaibo

TRINIDAD Y
TOBAGO

EL SALVADOR

Managua

Maracaibo

Puerto España
(Port of Spain)

San José

Cartagena

Caracas

COSTA RICA

Panamá

VENEZUELA

Ciudad
Bolívar

PANAMÁ

Medellín

LLANOS

Orinoco

GUYANA

Bogotá

SURINAM

Guayana Francesa

Buenaventura

COLOMBIA

Magdalena

Arch. de Colón
(Is.Galápagos)

Quito

ECUADOR

Cotopaxi

Chimborazo

Amazonas

Manaus

Belém

Guayaquil

Fortaleza

Chiclayo

CORDILLERA

Cajamarca

Trujillo

BRASIL

San Francisco

Recife

Callao

Lima

PERÚ

Salvador

Cuzco

BOLIVIA

Arequipa

L.Titicaca

Cochabamba

La Paz

Santa Cruz
de la Sierra

Brasilia

EL ALTIPLANO

Sucre

Paraguay

Belo Horizonte

Potosí

Paraná

Antofagasta

PARAGUAY

São Paulo

Salta

Asunción

Rio de Janeiro

CHILE

Curitiba

Santos

LOS ANDES

San Miguel
de Tucumán

Paraná

Santa Fe

Porto Alegre

Córdoba

Paraná

Aconcagua

Rosario

URUGUAY

Valparaíso

San Juan

Santiago

Mendoza

Buenos Aires

Montevideo

La Plata

Río de la Plata

Concepción

Colorado

Mar del Plata

Negro

Temuco

Puerto Montt

ARGENTINA

PATAGONIA

Comodoro Rivadavia

Océano Pacífico

Océano Atlántico

Is.Malvinas
(Falkland)

Estrecho de Magallanes

Is.Georgias del Sur

Punta Arenas

Tierra del Fuego

Ushuaia

C.de Hornos

¡Muy bien!

Compacto

España

¡Hola!

Hispanoamérica

¡VAMOS!

¡Muy bien!

Curso de español

1

Juan Carlos Moyano López

Carlos García Ruiz-Castillo

Yoshimi Hiroyasu

Editorial ASAHI

Prefacio

El manual de español ¡Muy bien! 1, cuya primera impresión se publicó en 2018, ha tenido una exitosa acogida en el mundo de la enseñanza del español en Japón. Sin embargo, algunos profesores nos hicieron saber que necesitaban un libro con el que se pudieran desarrollar los contenidos curriculares de la manera más completa posible en cursos con limitaciones de tiempo, por ejemplo, en un curso universitario que se imparta una vez a la semana. ¡Muy bien! 1 Compacto nació para responder a esta necesidad. El objetivo principal del manual es que los aprendices no solo conozcan determinadas reglas gramaticales, sino que lleguen a ser usuarios eficientes y competentes de la lengua. Por ello, los contenidos lingüísticos y los objetivos comunicativos se presentan siempre integrados. De esta forma, creemos que es un libro estimulante y fácil de usar para los estudiantes y para los profesores, tanto nativos como japoneses.

¡Muy bien! 1 Compacto se divide en doce unidades dedicadas a ámbitos temáticos de interés para los estudiantes y relacionados con su propia realidad. Cada unidad puede estudiarse de forma lineal en dos o tres sesiones de noventa minutos de duración en cursos anuales, semestrales o trimestrales. En cada unidad se indican los objetivos de manera que los estudiantes puedan tener una idea muy clara de lo que van a ser capaces de hacer al terminarla. Desde el primer momento de cada unidad se anima a los estudiantes a la acción y a reflexionar sobre los nuevos contenidos. Los contenidos funcionales, gramaticales y léxicos se presentan en espiral, de forma que a lo largo del manual se vaya retomando y ampliando lo estudiado anteriormente. Intentamos practicar sistemáticamente las diferentes destrezas, para lo cual incluimos actividades de variada tipología y con una exquisita atención al contexto en el que aparecen. También hemos prestado atención a las estrategias de aprendizaje y los contenidos socioculturales del mundo hispano están presentes a lo largo del libro. Los vídeos muestran nuevos caminos para explorar la lengua y las propias capacidades de los estudiantes. Finalmente, el manual incluye un cuaderno de ejercicios para el estudio autónomo en casa o dirigido por el profesor en clase, con explicaciones que los alumnos pueden consultar como referencia y ejercicios de orientación formal complementarios. Estos elementos hacen que sea un manual compacto pero muy completo con el que esperamos que nuestros alumnos aprendan español ¡Muy bien!

Quisiéramos agradecer sinceramente los elogios y sugerencias sobre los puntos a mejorar que, desde la publicación de la versión original de ¡Muy bien! 1, numerosos colegas nos han hecho llegar. Asimismo, nos gustaría mencionar de nuevo la extraordinaria labor del profesor Txabi Alastruey en la producción y edición de los vídeos que dan vida al libro, y de la diseñadora gráfica Naho Kozukue, que supo interpretar con ilustraciones y un diseño atractivo y colorido la imagen que queríamos transmitir. Por último, agradecemos profundamente al señor Toshiyuki Yamada, de la editorial ASAHI, toda su confianza y buen hacer. Sin la buena voluntad de estos y otros muchos amigos no habría sido posible completar este libro.

Los autores

はじめに

　2018年に初版が発行された¡Muy bien! 1 は、日本のスペイン語教育界で大変広く受けいれられました。しかしその一方で、例えば大学の週1回の授業のように時間的に限られたクラスでも、カリキュラム内容をできる限りしっかりと学習できる教科書が欲しいという要望が著者らに寄せられました。¡Muy bien! 1 Compacto は、こういった声にお応えするために生まれました。¡Muy bien! 1 Compacto の目的は、この本を使ってスペイン語を学んだ学習者が文法規則を知るだけでなく、この言語を効率的にしっかりと使うことができるようになることです。そのためにこの本では言語知識習得とコミュニケーション力をつけるための練習は一体化したものとして提示され、学生にとってはもちろん、日本人教員、ネイティブ教員の誰にとっても刺激的で、使いやすい本になっています。

　¡Muy bien! 1 Compactoは、12課で構成されていて、それぞれの課では学生が興味を持てる、学生の現状に即したテーマを扱っています。それぞれの課は、例えば90分授業なら2回か3回で習得できる分量で、教科書の順番で学習していけば1年、6か月、3か月コースなどいずれにも対応できるようになっています。それぞれの課の最初のページには、この課を学習し終えたらできるようになるべきことが分かり易く示されています。すべての課では学習者が最初から積極的に言葉を使い、新しい内容について考えるようにすることが勧められています。機能的、文法的、語彙的な内容はらせん式に提示されていて、同じ内容が本全体を通じて何度も繰り返し扱われ、常に前に学んだことを復習しながら内容を広げていくという学び方ができるようになっています。また「聞く、話す、読む、書く」の4技能を系統的に習得できるようにするため、様々な種類のアクティビティがその言葉が使われる場面を常に考えられながら注意深く作られています。さらに学習ストラテジーの習得にも細心の注意が払われていて、社会文化的要素も本の全体で扱われています。ビデオは学習者が自分自身の能力を探求していくための新しい道を示します。また補助教材の別冊の文法練習帳には、文法説明と補足文法練習問題が載せられていて、参考書として、また、自宅学習用としても利用できるようになっています。これらのすべてのものが一体となった¡Muy bien! 1 Compacto は、コンパクトながらも総合的な、スペイン語を学んで本当に「いいね！」と言えるような教科書になっているのです。

　¡Muy bien! 1についてはお褒めの言葉とともに、こうしたらもっとよくなるのではないかというご提案も数多くいただきました。これらの大変貴重なご意見を下さった方々、本当にありがとうございました。また、ビデオ制作と編集によってこの本に命を吹き込んで下さったTxabi Alastruey先生、イラストと、とても魅力的でカラフルなデザインを使って、私たちのイメージを具現化して下さったデザイナーの小机菜穂氏に感謝いたします。そして最後になりましたが、私たちを信頼し常に寄り添って下さった朝日出版社の山田敏之氏に感謝の念を表したいと思います。これらのそして、その他の多くの友人たちの惜しみないご協力がなかったら、この本は完成に至ることはありませんでした。心から感謝の意を表したいと思います。

著者

目 次 Contenidos

¡Muy bien! Compacto の使い方 Cómo aprender con ¡Muy bien! Compacto

1. 本の構成 Estructura de las unidades

この課の目標 Seré capaz de:

このページには、各課の目標が書いてあります。この課で何をどのように学習していくかをまずしっかりと把握することが大切です。ビデオを見たり音声を聞いたりして、新しく学ぶ内容のいくつかの例を見てみましょう。そしてこの課で学んでいく内容を考えながら、実際にスペイン語を使ってみましょう。

En esta sección encontrarás los objetivos de la unidad. Te servirán para tener una idea clara de lo que aprendemos y para controlar tu estudio. Un vídeo y un audio te mostrarán algunos ejemplos de los nuevos contenidos. Anímate a hacer predicciones y a usar la lengua en la última actividad.

Unidad

スペイン語を学ぶ目的はこの言語を使ってコミュニケーションをとることです。そのためには文法を理解するだけではなく、語彙を使い、様々な状況で、スペイン語で話しながら、また、書きながら表現してみることが必要です。

- この本では多くの場合文法ルールを学習する前に、ビデオを見たり、文章を読んだり、口頭のインタラクションのある簡単なアクティビティをしたりします。文法ルールをまだきちんと学習していないことを心配せず、アクティビティを仲間としてみてください。これらの練習によって様々な例に親しむと、その後の文法説明がよりわかりやすくなるからです。
- 本の語彙はすべて暗記しなければなりません。最も良い方法はそれぞれの語や表現が使われる状況を常に想像しながら学ぶことです。
- 各課の最後のページのアクティビティではそれまでに学んだことを使ってクラスメートとコミュニケーションをしてみることができるようになっています。

El objetivo de aprender español es comunicarse en esta lengua. Para ello, es necesario no solo comprender la gramática, sino también saber usar el vocabulario y expresarse hablando y escribiendo en español en diferentes situaciones.

- Con este libro, en muchas ocasiones, antes de estudiar las normas de gramática, aprenderás con ejemplos en vídeos, audios y textos, y también harás sencillas actividades de interacción oral. Practica las actividades y habla con tus compañeros sin preocuparte por no conocer todavía exactamente las normas gramaticales. Mediante estas prácticas te familiarizarás con los ejemplos y así te será más fácil comprender las explicaciones que se presentan después.
- También tendrás que aprender y memorizar el vocabulario del libro. La forma más eficaz es imaginar siempre un contexto en el que se pueda usar cada palabra o expresión.
- Las últimas actividades de cada unidad están diseñadas para que puedas comunicarte con los compañeros usando lo que has aprendido hasta el momento.

ビデオ Vídeo

各課の最初と最後のビデオの登場人物は学生とネイティブスピーカーです。スペイン語学習を始めた最初の段階から、いかに自然な調子でのコミュニケーションが可能かを見ることができます。あなたもビデオに出てくる学生と同じようにスペイン語を使うことができるのです。友人と、クラスメートと声を出して練習しましょう。練習相手がいなければ一人でも大丈夫、そう、ペットを相手に練習するのもいいですね！

Son vídeos filmados en Japón con estudiantes y hablantes nativos de español. Verás que es posible comunicarse de forma muy natural desde el primer momento que empiezas a aprender esta lengua. Puedes usar el español como estos estudiantes. Practica con tus amigos y compañeros de clase, en voz alta contigo mismo o, incluso, ¡con tu mascota!

目標達成 ¿Eres capaz?

この課の目標を達成しましたか。巻末にそれぞれの課で学んだことを確認し考察するためのアクティビティがあります。

¿Has alcanzado los objetivos de la unidad? En las últimas páginas del libro hay actividades para comprobar y reflexionar sobre lo que has aprendido.

文法練習帳 Cuaderno de ejercicios

この本には別冊で文法練習帳がついています。教室で正しく表現できるように練習し、文法を理解した後、本当に文法をしっかり理解したかを確かめたいと思うのではないでしょうか。文法練習帳には日本語での文法説明と、簡単な練習問題があり、知識を確認することができます。

Como suplemento, tienes un cuaderno de ejercicios. Después de practicar y comprender las normas para expresarte correctamente, quizá quieras comprobar si realmente has aprendido bien la gramática. En el cuaderno de ejercicios encontrarás explicaciones en japonés y ejercicios sencillos para comprobar tus conocimientos.

2. 凡例 Iconos

¡Muy bien! Compacto には、さまざまな種類のアクティビティが用意されています。アイコンでそれぞれのアクティビティの種類を知ることができます。

¡Muy bien! Compacto tiene diferentes tipos de actividades. Los iconos te ayudarán a saber qué hay que hacer en cada caso.

ペアで行うアクティビティです。 Realiza estas actividades en parejas.		ビデオ。PCやスマホを使って指定のサイトで見ることができます。 Actividades con vídeo. Puedes ver los vídeos con tu ordenador o móvil.	
3人以上のグループで行うアクティビティです。 Realiza estas actividades en grupos de tres o más compañeros.		アクティビティに関連した重要事項 Información importante relacionada con la actividad.	
全員立って、クラス内を歩き、いろいろな相手と会話しましょう。 Muévete por la clase y habla con diferentes compañeros.		アクティビティをするために必要な補足情報 Información de referencia para resolver la actividad.	
音声。PCやスマホを使って指定のサイトで聞くことができます。 Actividades con audio. Puedes escuchar las grabaciones con tu ordenador o móvil.			

3. ¡Muy bien! Compacto の音声とビデオ Audios y vídeos de ¡Muy bien! Compacto

本書の音声とビデオは以下のサイトにあります。

Los audios y vídeos de ¡Muy bien! Compacto están disponibles en internet en la siguiente dirección:

https://text.asahipress.com/text-web/spanish/muybiencompacto/index.html

音声とビデオはできるだけ何回も視聴するようにしましょう。電車、家、授業前等の隙間時間も活用するとよいでしょう。スペイン語の実力向上に大きく役に立ちます。ぜひ活用しましょう。

Te animamos a escuchar los audios y ver los vídeos todas las veces que puedas (en el tren, en tu casa, antes de la clase, etc.). Te ayudarán a mejorar mucho tu español. ¡Pruébalo!

4．文構成図　Esquemas gramaticales

文構成図は、文の構成を理解するために役に立ちます。これらの図を使って作られる文の例は原則として図の上部に示してあります。

Estos esquemas te ayudarán a asimilar la estructura de las frases. En la parte superior tienes un ejemplo de la frase completa. En la parte inferior tienes la estructura.

	1行目 Primera fila:	主語。文の中心は主語と動詞です。主語を動詞と同じ枠で囲んでそれを示しています。 Sujeto. Aparece relacionado con el verbo en un cuadro, ya que es una relación fundamental en la frase.
	2行目 Segunda fila:	動詞及び、その他の重要な要素 　Verbo y otros elementos importantes 動詞の左　A la izquierda del verbo: 　否定辞と弱形代名詞(me, te, lo, la...) 　Negación, pronombres personales átonos 動詞の右　A la derecha del verbo: 　省略する場合弱形代名詞(me, te...)に置き換えられる要素(直接目的語、間接目的語、属詞) 　Elementos que sustituimos por pronombres átonos si los omitimos (objeto directo, objeto indirecto y atributo).
	3行目 Tercera fila:	意味上必要ならば付け加えることのできる、いつ、どこで、誰と等を表す表現で、省略しても弱形代名詞で置き換えられない要素 Elementos que añadimos según el significado que queremos expresar con la frase. Si los omitimos, no los sustituimos por pronombres átonos.

図は語順を示すものではありませんが、文の中で最も大切な主語と動詞と他の要素の関係を視覚的に捉えることができるようになっています。またそれぞれの枠に入った要素について疑問詞を使って聞くための文の構成も示してあります。

El esquema no muestra el orden de las palabras, pero sí indica claramente lo esencial de una frase, que es la relación entre el sujeto, el verbo y los otros elementos. Estos esquemas también te darán pistas sobre cómo formar preguntas relativas a cada elemento.

Hola, ¿cómo te llamas?

この課の目標　Seré capaz de:

● 挨拶や感謝の言葉を伝えることができる。 Saludar, despedirme y agradecer.

● 基本的な個人情報を尋ねたり答えたりできる。Preguntar y responder por información personal básica.

● スペイン語を正しく発音し、つづりを言うことができる。Pronunciar correctamente y deletrear.

A 大学での会話です。ビデオを見て読みましょう。En la universidad. Mira el vídeo y lee.

1.

Ana:　¡Hola!
Yuta: ¡Hola!

2.

Ana:　Me llamo Ana, ¿y tú?
Yuta: Me llamo Yuta.
　　　Encantado.
Ana:　Encantada.

3.

Ana:　　Hola, Roberto.
Roberto: Hola, buenos días.
Ana:　　¿Qué tal?
Roberto: Muy bien, gracias. ¿Y tú?
Ana:　　Muy bien, gracias.

B あなたは何と言いますか。書いてから話しましょう。 ¿Qué dirías tú? Escribe y contesta.

1. ¡Hola!

2. Me llamo Ana. ¿Y tú?

3. Encantada.

4. ¿Qué tal?

1.

2.

3.

4.

C AやBのような会話を練習しましょう。Practica con tus compañeros como en A y B.

アルファベット　Alfabeto

1 A 🔊 聞いて読みましょう。Escucha y lee.

1.

Me llamo Misae Omura.

2. ¿Misae?

3.

Sí.
Misae: eme, i, ese, a, e.
Omura: o, eme, u, erre, a.

1 B 文字の名前を書きましょう。

Escribe los nombres de las letras.

M	eme	O	
I	i	M	
S		U	
A		R	erre
E		A	

2 A 🔊 文字の名前を聞いて読みましょう。Escucha y lee.

A E I O U
a e i o u

B C D G P T Y
be ce de ge pe te ye*

F L M N Ñ R S
efe ele eme ene eñe erre ese

K Q
ka cu

J Z
jota zeta

H X
hache equis

V W
uve uve doble

＊ye または i griega

2 B 大文字と小文字をアルファベット順に並べて書き、読みましょう。Escribe las letras de arriba en mayúscula y minúscula en orden alfabético y léelas.

A, a	B, b				F, f			
		L, l	M, m					
			V, v					Z, z

2 C 🔊 聞いて確認しましょう。Escucha y comprueba.

3 🔊 2, 3人のクラスメートと話しましょう。Escucha, lee y habla con dos o tres compañeros.

Modelo:

A: Hola, ¿cómo te llamas?
B: Me llamo Yuka.
A: ¿Cómo se escribe?
B: Ye, u, ka, a. ¿Y tú? ¿Cómo te llamas?
A: Me llamo Masato.

名前を尋ねる、答える。
¿Cómo te llamas?
Me llamo Yuka.
つづりを尋ねる。
¿Cómo se escribe?

発音　Pronunciación

4 **A** 🔊 聞いて読み、それぞれの音をどのようにつづるか書きましょう。Escucha y lee. ¿Cómo se escriben los sonidos de la derecha?

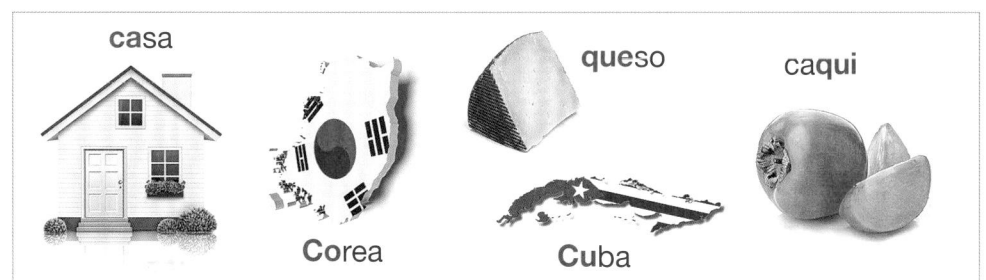

発音記号	スペリング
[ka]	
[ke]	que
[ki]	
[ko]	
[ku]	

発音記号	スペリング
[θa]	za
[θe]	
[θi]	
[θo]	
[θu]	

発音記号	スペリング
[ga]	ga
[ge]	
[gi]	
[go]	
[gu]	gu

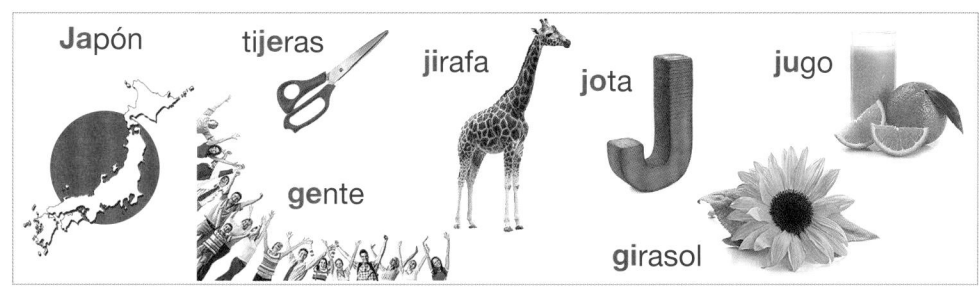

発音記号	スペリング
[xa]	
[xe]	je, ge
[xi]	
[xo]	
[xu]	

4 **B** 🔊 空欄に ［　］の音を表す文字を書き、表を完成させましょう。例）[ka]の音はca Completa las celdas en blanco con la forma de escribir los sonidos.

[k]	**ca** [ka]						[ko]		[ku]
		[ke]	**qui** [ki]						
	ka [ka]	**ke** [ke]	**ki** [ki]	**ko** [ko]	**ku** [ku]
[θ]		**ce** [θe]*	[θi]*		
	za [θa]			[θo]	[θu]
[g]	**ga** [ga]			[go]	[gu]
		gue [ge]	[gi]		
[x]		[xe]	**gi** [xi]		
	[xa]	[xe]	**ji** [xi]	[xo]	[xu]
[gu]	**gua** [gua]	**güe** [gue]	**güi** [gui]	**guo** [guo]	

＊ze, ziを使う語もあります。

5 A 🔊 語を聞いて発音しましょう。Escucha y repite.

5 B 🔊 👥 語を読んでから聞いて発音を確認しましょう。Lee, escucha y comprueba.

文字 Escritura		例 Ejemplos	
1.	h	hola	hotel
2.	b, v	Colombia	violín
3.	ch	chocolate	Chile
4.	f	famoso	Filipinas
5.	ñ	España	niña
6.	l	gol	pelo
7.	r	Perú	cero
8.	r 語頭	rey	Rusia
9.	rr	guitarra	perro
10.	ll	Sevilla	paella
11.	y	yo	yogur
12.	y	rey	y

練習 Practica	
Honduras	hospital
Bolivia	béisbol
chaqueta	churros
Francia	fiesta
mañana	español
La Habana	animal
aroma	señora
romántico	Roma
churros	Navarra
tortilla	me llamo
ayer	yoga
muy	hay

アクセント記号のきまり　Reglas de acentuación

6 A 読みましょう。Lee.

二重母音　Diptongos

●二重母音は弱い母音 (i, u) を含む、2つの異なる母音の組み合わせです。

Los diptongos son una combinación de dos vocales diferentes. Una o dos de ellas son cerradas (i, u).

　　ia, ai, ie, ei, io, oi, ua, au, ue, eu, uo, ou, ui, iu

●二重母音は1つの母音として数えます。Los diptongos se consideran como una sola vocal.

6 B 🔊 聞いて繰り返しましょう。二重母音に線を引いてください。Escucha y repite. Subraya los diptongos.

1. Asia　　　　　2. siete　　　　　3. cuatro　　　　　4. ciudad

5. aire　　　　　6. pausa　　　　　7. euro　　　　　8. cuidado

6 C 🔊 聞いて強く発音する母音に○をつけ、右に番号を書きましょう。Escucha y marca con un círculo la vocal que se pronuncia fuerte. Escribe el número correspondiente.

●1番最後の母音が強い。	Si la vocal acentuada es la última.	→ 1
●最後から2番目の母音が強い。	Si la vocal acentuada es la penúltima.	→ 2
●最後から3番目の母音が強い。	Si la vocal acentuada es la antepenúltima.	→ 3

1. caf**é** (1)　　　2. pa**e**lla (2)　　　3. tel**é**fono (3)

4. jamón ( )　　　5. diccionario ( )　　　6. español ( )

7. queso ( )　　　8. zapatos ( )　　　9. cine ( )

10. examen ( )　　　11. América ( )　　　12. Asia ( )

6 D 🔊14 聞いて規則を読みましょう。Escucha los ejemplos y lee las reglas.

スペイン語の読み方の規則（どの母音を強く発音するか）

1. **アクセント記号がついている語は、その母音を強く発音する。**Las palabras que llevan tilde se pronuncian con la fuerza de la voz en la vocal que lleva la tilde.

   América, cafetería, café, jamón

2. **n, sまたは母音で終わっている語は、最後から2番目の母音を強く発音する。**Si las palabras terminan en –n, –s o vocal, se pronuncian con la fuerza de la voz en la penúltima vocal.

   examen, zapatos, cine

3. **n, s以外の子音で終わっている語は、1番最後の母音を強く発音する。**Si las palabras terminan en consonante distinta de n o s, se pronuncian con la fuerza de la voz en la última vocal.

   Madrid, español

   他の語と区別するためにアクセント記号をつける語があります。（tú 君は）

アクセント記号のつけ方　La tilde

jamon → jamón

① o（1番最後の母音）が強く発音される。La vocal o (la última) se pronuncia fuerte.
② 規則2により、nで終わる語は後ろから2番目の母音を強く発音する。Según la regla 2, las palabras que terminan en n se pronuncian con la fuerza de la voz en la penúltima vocal.
③ 規則に合わないので、jamón のようにoにアクセント記号を付ける。No sigue la regla y por eso es necesario poner tilde en la o.

6 E 🔊15 聞きましょう。強く発音されている母音に○をし6 Dの規則に従って必要な場合はアクセント記号をつけましょう。Escucha, marca la vocal fuerte y pon tilde si es necesario, siguiendo las reglas de 6 D.

1. lapiz　　　　　　lápiz
2. musica　　　　　_____
3. Nicaragua　　　_____
4. aqui　　　　　　_____
5. Venezuela　　　_____
6. jirafa　　　　　_____
7. telefono　　　　_____
8. pan　　　　　　_____
9. autobus　　　　_____
10. lampara　　　　_____

数字(0–10)　Números (0–10)

7 A 👥 右のカードから数字を選んで左の表を埋めましょう。Escribe los números en orden.

0	cero		
1		6	
2	dos	7	siete
3		8	
4		9	
5	cinco	10	diez

uno　seis　cuatro　nueve　ocho　tres

7 B 🔊16 聞いて確認しましょう。Escucha y comprueba.

7 C 🔊17 電話番号を聞き取り算用数字で書きなさい。Escucha y escribe los siguientes números de teléfono.

a) María Díaz: _____.
b) Ana Penadés: _____.
c) Javier: _____.
d) Luis: _____.

Unidad 1

クラスで使う表現　Expresiones que usamos en clase

8 A スペイン語で何と言いますか。知りたい語を先生に聞きましょう。¿Cómo se dice en español? Pregunta al profesor.

Modelo:

A: ¿Cómo se dice コーヒー en español?　　B: Café.
A: ¿Cómo se escribe?　　B: Ce, a, efe, e con acento.

8 B 🔊 聞いて会話を完成させましょう。 Escucha y completa los diálogos.

> Otra vez, por favor.　　Más despacio, por favor.　　Más alto, por favor.

1.
A: ¿Cómo te llamas?
B: Me llamo Lucía Fernández.
A: _____.
B: Lucía Fernández.

2.
A: ¿Cómo se dice ねこ en español?
B: Gato.
A: _____.
B: Gato.

3.
A: ¿Cómo se escribe "jamón"?
B: Jota, a, eme...
A: _____.
B: Jota, a, eme, o con acento, ene.

挨拶　Saludos y despedidas

9 A 🔊 🗣 聞いて会話を読みましょう。Escucha y lee.

1.

En un hotel
Recepcionista: Hola, buenas tardes.
Sr. Watanabe: Hola. Buenas tardes.
　　　　　　　 Me llamo Ken Watanabe.
Recepcionista: Señor Watanabe... ¿Cómo se escribe?
Sr. Watanabe: Uve doble, a, te, a, ene, a, be, e.

2.
En una cafetería
Carmen: ¡Hola, Roberto!
Roberto: ¡Hola, Carmen! ¿Qué tal?
Carmen: Muy bien, ¿y tú?
Roberto: Así, así.
Carmen: ¿Un café?
Roberto: ¡Sí!

挨拶	敬称
Hola.	señor (Sr.)
Buenos días.	Sr. Watanabe
Buenas tardes.	señora (Sra.)
Buenas noches.	Sra. Gómez
Adiós.	
Hasta luego.	

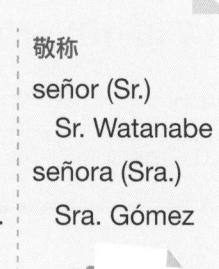

9 B 🗣 まず同じ会話を、役割を交代しながら練習しましょう。次に内容を少し変えて、同じような会話をしましょう。Practica los mismos diálogos con tus compañeros. Después, cambia algunas cosas y haz diálogos similares.

ビデオ

▶️ ビデオを見て、指示に従いましょう。Mira el vídeo y sigue las instrucciones.

Soy japonés, de Tokio

この課の目標　Seré capaz de:

● 名前、出身国や職業について尋ねたり答えたりできる。Preguntar y responder por el nombre, la nacionalidad y la profesión.

● 自分自身や人を紹介することができる。Presentarme y presentar a alguien.

A ▶ 🔊 ㉒ 大学での会話です。ビデオを見て読みましょう。En la universidad. Mira el vídeo y lee.

1. ¡Hola! Soy Yuta. Soy japonés. Soy estudiante.

2. ¡Hola! Soy Carmen. Soy española. Soy profesora de español.

3. ¡Hola! Me llamo Naho. Soy japonesa. Soy de Tokio. Soy estudiante de español.

4. ¡Hola! Buenos días. Me llamo Roberto. Soy mexicano, de Guadalajara. Soy profesor de Ciencias.

B 表を完成させましょう。Completa.

男性 Masculino	japonés		español		estudiante
女性 Femenino		mexicana		profesora	

C 👥 **A** のようにクラスメートと互いに自己紹介しましょう。Preséntate como en **A** y practica los diálogos con tus compañeros.

主語になる人称代名詞　Pronombres personales de sujeto

1 絵を見て表を完成させましょう。Mira los dibujos y completa la tabla.

1人称	私は	_____	私たちは	_____ / nosotras
2人称	君は	tú	君たちは	vosotros / _____
3人称	あなたは、彼は・彼女は	usted él / _____	あなたたちは、彼らは・彼女らは	ustedes _____ / ellas

動詞 ser　Verbo ser

2 A 🔊 下の会話を聞いて読み、動詞 ser の活用表を完成させましょう。Lee, escucha y completa la tabla de conjugación.

1.
A: ¿Tú eres de Japón?
B: Sí, soy de Japón.

2.
A: ¿Miguel es de México?
B: Sí, es de México.

3.
A: ¿Juan y Gonzalo son de España?
B: No, no son de España. Son de México.

4.
A: ¿Vosotros sois de Argentina?
B: No, no somos de Argentina.

5.
A: ¿Es usted de Japón?
B: Sí, soy de Japón.

6.
A: ¿Son ustedes de España?
B: No, no somos de España.

yo	soy	nosotros / nosotras	
tú		vosotros / vosotras	
usted, él / ella		ustedes, ellos / ellas	son

主語　El sujeto

- 動詞は主語によって形を変える。Los verbos cambian de forma dependiendo del sujeto.
- 主語代名詞は多くの場合省略される。Muchas veces se omite el pronombre de sujeto.
- 主語になる人称代名詞 él, ella, ellos, ellas は、人のみを指す。主語が人でない場合は主語になる人称代名詞は使わず、主語は省略される。Los pronombres de sujeto él, ella, ellos, ellas se refieren a personas. Para referentes inanimados normalmente se omite el sujeto.

2 B 👥 自分の出身地として枠内の国から1つ選びます。モデルのように質問しながら、相手の選んだ国を当てましょう。En secreto elige un país. Pregunta a tu compañero para adivinar qué país ha elegido.

Japón　México　España　Argentina

Yo (no) soy de Japón.

Modelo 1:
A: ¿(Tú) Eres de Japón?
B: Sí, (yo) soy de Japón.

Modelo 2:
A: ¿(Tú) Eres de Japón?
B: No, (yo) no soy de Japón.
Soy de México.

主語
yo

動詞
no　soy　de Japón

2 C 多くのクラスメートと話し、**2 B** で同じ国を選んだ人をみつけグループになりましょう。相手がグループのときは複数形を使います。Busca otros compañeros que han elegido el mismo país que tú en **2 B** y forma grupos. Usa el plural al hablar con otros grupos.

Modelo 1:
A: ¿Eres de Japón?
B: Sí, soy de Japón. ¿Y tú?
A: Yo también.

Modelo 2:
Grupo 1: Hola. ¿Sois de Japón?
Grupo 2: No, no somos de Japón.
　　　　　Somos de Argentina. ¿Y vosotros?
Grupo 1: Somos de México.

Nosotros (no) somos de Japón.

主語 nosotros
動詞 no somos de Japón

国籍を表す語の性と数　Género y número de las nacionalidades

3 A 動詞 *ser* の適切な形を入れて文を完成させましょう。Completa.

1. A: Yuka _____ japonesa, de Tokio.
   B: Sí, y Kosuke y Daichi también _____ japoneses.
2. A: ¿Roberto _____ argentino?
   B: Sí, _____ de Buenos Aires.
3. A: María y Ana _____ españolas.
   B: ¿Españolas? No, no _____ españolas. _____ argentinas.
4. A: Yo _____ estadounidense, de San Francisco.
   B: ¿Ah, sí? Yo soy de Los Ángeles.

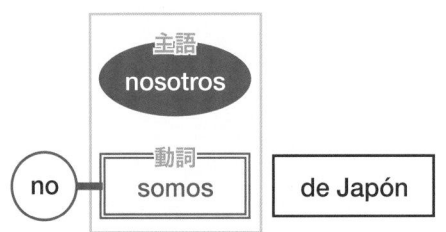

también
〜もまた
María es española.
　Carlos también.
　Carlos también es español.
　Carlos es español también.

3 B 国籍を表す語を性や数に注意して形を変えて空欄を埋めましょう。Completa.

性数変化の種類	👨	👩	👨+👨	👩+👩	国名
A	japonés			japonesas	Japón
	español	española	españoles		España
B	cubano	cubana		cubanas	Cuba
		argentina	argentinos		Argentina
C			estadounidenses		Estados Unidos

3 C 国の名前とその国の人を表す語を組み合わせましょう。Relaciona.

1. Corea
2. Inglaterra*
3. Chile
4. Canadá
5. Alemania
6. Perú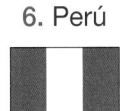

 canadiense　 alemán　 peruano　 chileno　 inglés　 coreano

*Reino Unido

3 D 3 Bの規則に従って、表を完成させましょう。Completa.

性数変化の種類	👤	👤	👥+👤 👥+👤	👥+👤	国名
A		inglesa	ingleses		Inglaterra
A		alemana		alemanas	Alemania
B				coreanas	Corea
B			peruanos		Perú
B		chilena			Chile
C			canadienses		Canadá

3 E 👥 2 B 2 Cと同じ練習を、3 Bや3 Dの国籍を表す語を使って練習しましょう。Practica las actividades
2 B y 2 C con las nacionalidades de 3 B y 3 D.

Modelo 1:	
A: ¿Eres inglesa?	B: No, no soy inglesa.
A: ¿Eres alemana?	B: ¡Sí! Soy alemana.

Modelo 2:
Grupo 1: ¿Sois inglesas?
Grupo 2: No, no somos inglesas.

職業を表す語　Profesiones

4 A 絵をヒントに職業を表す名詞の意味を想像し、先生に確認しましょう。Imagina el significado de las palabras
de profesión y comprueba con el profesor.

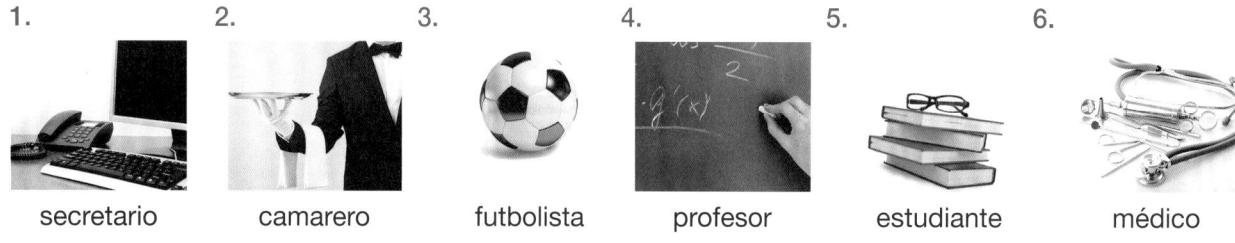

1.	2.	3.	4.	5.	6.
secretario	camarero	futbolista	profesor	estudiante	médico

4 B 👥 職業を表す語の表を完成させましょう。Completa.

性数変化の種類	👤	👤	👥+👤 👥+👤	👥+👤
A	profesor	profesora	profesores	profesoras
B	médico	médica	médicos	médicas
B			secretarios	
B		camarera		
C	estudiante		estudiantes	
C	futbolista			

4 C 規則を確認しましょう。Comprueba las reglas.

	単数　singular		複数　plural	
	男性　masculino	女性　femenino	男性　masculino	女性　femenino
A	子音 consonante	+ a	+ es	+ s
B	o	a	+ s	
C	e*, ista		+ s	

*例外があります。Hay excepciones.

疑問詞 1　Interrogativos (I)

5 A 🔊 適切な疑問文を右から選んで入れましょう。聞いて確認しましょう。Completa. Después, escucha y comprueba.

A: ¿_____?
B: Me llamo Yuka.
A: ¿_____?
B: Watanabe.
A: ¿_____?
B: Soy japonesa, de Tokio.
A: ¿_____?
B: Soy estudiante.

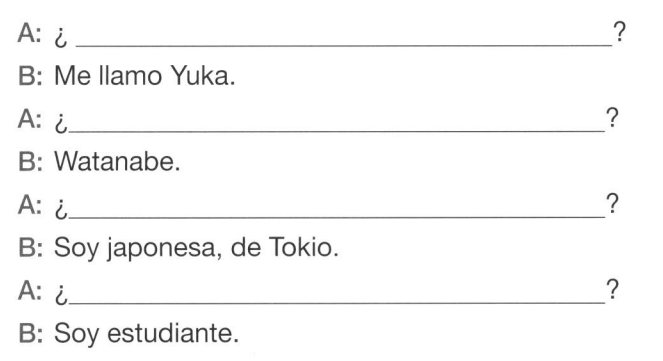
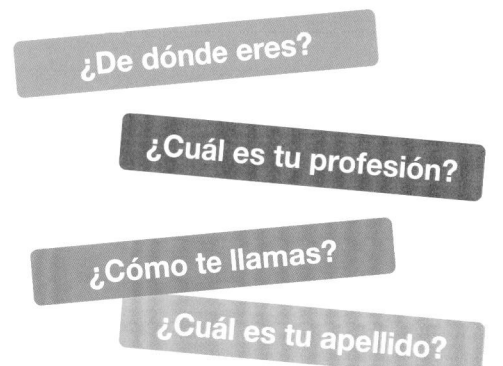

¿De dónde eres?

¿Cuál es tu profesión?

¿Cómo te llamas?

¿Cuál es tu apellido?

5 B 疑問詞のある疑問文の語順を確認しましょう。Fíjate en cómo se forman las frases interrogativas.

❶ 疑問詞（前置詞がある場合は前置詞を伴う）
Interrogativo (con preposición)
❷ 動詞 Verbo
❸ 主語 Sujeto

●疑問詞にはすべて他の語と区別するためのアクセント記号が
つく。Los interrogativos llevan tilde.
dónde, *cuál*, *cómo*

¿De dónde eres tú?
❶　　❷　❸

主語 ❸
tú

動詞 ❷
eres

?
de Japón
dónde ❶

5 C 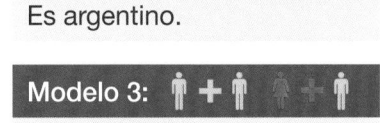 質問しましょう。Forma las preguntas.

1. A: ¿_____? B: Soy de Argentina.
2. A: ¿_____? B: Somos de Japón.
3. A: ¿_____? B: (Elena y Diana) son de Chile.

指示詞 1　Demostrativos (I)

6 👥 3〜4人のグループを作り、友達を紹介し合いましょう。架空の名前や国籍、職業などを使ってください。Forma un grupo de 3 o 4 personas y presenta a los compañeros con nombres y nacionalidades imaginarios.

Modelo 1: 👤
Este es mi amigo Roberto. Es argentino.

Modelo 2: 👤
Esta es mi amiga Carmen. Es española.

Modelo 3: 👤+👤+👤+👤
Estos son Roberto y Ken. Son argentinos.

Modelo 4: 👤+👤
Estas son Yuka y Hitomi. Son japonesas.

所有詞 Posesivos → p.15, 26, 27
mi 私の　　tu 君の
su あなたの、彼の、彼女の

Unidad 2

個人の情報　Información personal

7 A 架空の人物になって、自分の名前、国籍、職業を決めて書きましょう。Elige el nombre, profesión y nacionalidad que quieras y escribe siguiendo el modelo.

> Me llamo Isabel Gómez. Soy española. Soy de Salamanca. Soy camarera.

7 B 👥3人のクラスメートに次の質問をし、表を埋めましょう。Habla con tres compañeros de clase y completa la tabla.

Modelo:
A: Hola, ¿cómo te llamas?
B: Me llamo Isabel Gómez.
A: ¿De dónde eres, Isabel?
B: Soy española, de Salamanca.
A: ¿Cuál es tu profesión?
B: Soy camarera.

	名前 Nombre	国籍 Nacionalidad	都市、街 Ciudad	職業 Profesión
例	Isabel Gómez	española	Salamanca	camarera
1.				
2.				
3.				

8 A 🔊23 大学生のElisaが入ったばかりのクラブのメンバーに自己紹介のメールを書いています。聞いて読み、下線部を埋めましょう。辞書はまだ使わず知らない単語の意味は想像しましょう。Una estudiante universitaria, Elisa, escribe un mensaje de correo electrónico a los miembros del club en el que acaba de entrar. Escucha, lee y completa. Imagina el significado de las palabras que no conoces. No uses todavía el diccionario.

● ● ● ●

De: Elisa Watanabe Gallego

Asunto: Encantada

Hola, amigos:
Me llamo Elisa Watanabe Gallego. Soy española, de Sevilla. Mi padre se llama Toshihiro Watanabe. Es japonés. Mi madre es española, de Madrid. Se llama Luisa Gallego.
Soy estudiante de inglés de la Universidad de Sevilla. Mis profesores son de Inglaterra, de Estados Unidos y de Canadá. Mis amigos son de muchas ciudades de España: Barcelona, Madrid, Bilbao..., y también de diferentes países: de Argentina, de Japón y de China.
Un abrazo,
Elisa

---

1. Los apellidos de Elisa son _____.
2. Elisa es de _____.
3. El padre de Elisa es _____.
4. La madre de Elisa es _____.
5. Los profesores son de _____.
6. Los amigos son de _____.

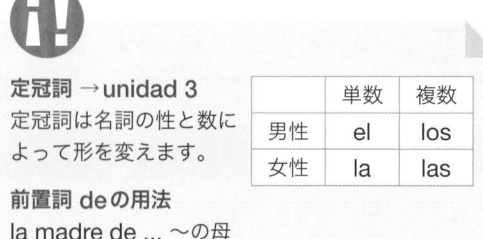

定冠詞 →unidad 3
定冠詞は名詞の性と数によって形を変えます。

	単数	複数
男性	el	los
女性	la	las

前置詞 de の用法
la madre de ... 〜の母
los amigos de ... 〜の友人たち

名前の言い方
Me llamo... 私は〜です。
Te llamas... 君は〜です。
Se llama... 彼・彼女は〜です。

8 B 想像した語の意味を辞書で確認しましょう。当たっていましたか？ Consulta en el diccionario las palabras que no conoces. ¿Has acertado el significado?

ビデオ

▶ ビデオを見て、指示に従いましょう。Mira el vídeo y sigue las instrucciones.

Mi universidad

この課の目標　Seré capaz de:

● 大学や住んでいる町について話すことができる。Hablar de mi universidad y de mi ciudad.

● 都市の位置について尋ねたり答えたりすることができる。Preguntar y contestar por la localización de las ciudades.

A 大学での会話です。ビデオを見て読みましょう。En la universidad. Mira el vídeo y lee.

1. ¡Hola! Yo me llamo Lucía. Soy estudiante de la Universidad Autónoma de Barcelona.

2. Mi universidad está en Barcelona.

3. Barcelona es una ciudad muy famosa.

B 下線部に１語ずつ書いて、文を完成させましょう。Completa añadiendo una palabra en cada frase.

Lucía es _____.

La Universidad Autónoma de Barcelona está en _____.

Barcelona es una ciudad muy _____.

C 自分自身について文を書き、クラスで発表しましょう。Completa con tu propia información y preséntala a la clase.

1. Me llamo

2. Soy estudiante de

3. Mi universidad está en

定冠詞と不定冠詞　El artículo determinado e indeterminado

1 A 🗣 イラストに名前を書き、クラスで確認しましょう。¿Cómo se dice? Escribe y comprueba en clase.

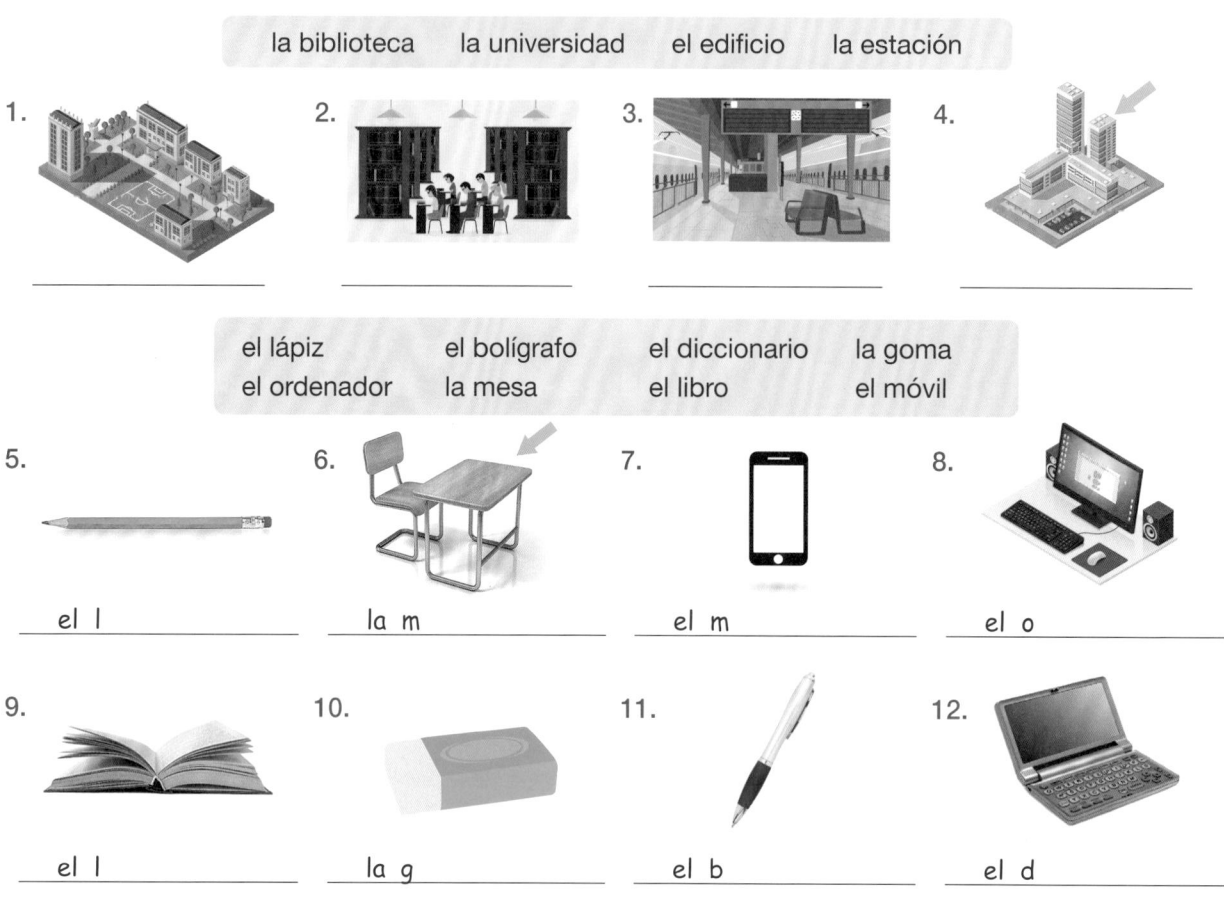

| la biblioteca | la universidad | el edificio | la estación |

1.
2.
3.
4. _____

| el lápiz | el bolígrafo | el diccionario | la goma |
| el ordenador | la mesa | el libro | el móvil |

5. el l_____
6. la m_____
7. el m_____
8. el o_____

9. el l_____
10. la g_____
11. el b_____
12. el d_____

1 B 🗣 語尾に注意しながら **1** Aの語を分類し表に書きましょう。定冠詞で名詞の性がわかります。Clasifica las palabras de **1** A según el artículo determinado y la terminación.

	定冠詞	語尾	名詞
🧍	el	o	diccionario
		その他 otras	ordenador
🧍	la	a	mesa
		その他 otras	universidad

1 C 表を見て冠詞と名詞を複数形にしましょう。Transforma los artículos y sustantivos al plural.

男性　masculino	女性　femenino
el ordenador　→　los ordenadores	la mesa　→　las mesas

1. la estación	_las estaciones_
2. el lápiz	_los lápices_
3. el ordenador	_____
4. el diccionario	_____
5. el bolígrafo	_____
6. el móvil	_____
7. la mesa	_____
8. la biblioteca	_____
9. la universidad	_____
10. el edificio	_____

1 D 🔊 25 聞いて確認しましょう。Escucha y comprueba.

2 A 🔊 🎧 聞いて空欄を埋めましょう。Escucha y completa.

定冠詞 Determinado	不定冠詞 Indeterminado
el libro	un libro
_____ ordenador	un ordenador
el bolígrafo	_____ bolígrafo

定冠詞 Determinado	不定冠詞 Indeterminado
la mesa	una mesa
_____ universidad	una universidad
la biblioteca	_____ biblioteca

2 B 🔊 もう1度聞きましょう。定冠詞と不定冠詞の発音で、気付くことはありますか。正しい方を選びましょう。Escucha de nuevo. ¿Hay alguna diferencia en la pronunciación? Elige.

- 強勢を置いて発音されるのは 定冠詞／不定冠詞   Los artículos determinados/indeterminados son tónicos.
- 強勢が置かれないのは 定冠詞／不定冠詞   Los artículos determinados/indeterminados son átonos.

3 🎧 1枚の紙を12に折り、それぞれに**1**Aの語を書いて切りとり、伏せておきます。1人が1枚の紙片をとり、書いてある語を見ます。モデルのように会話しましょう。Dobla una hoja en 12 y escribe las palabras de **1**A. Corta el papel en 12 partes. Ponlas boca abajo encima de la mesa. Un alumno coge una hoja y mira la palabra escrita. Habla como el modelo.

universidad	biblioteca	estación
edificio	lápiz	ordenador
diccionario	libro	bolígrafo
mesa	goma	móvil

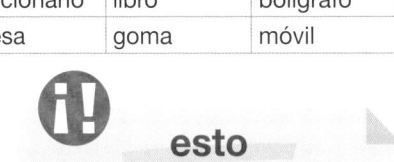

esto
「これ」の中性形
¿Qué es esto?
(este, esta→p.11)

Modelo:

A: ¿Qué es esto?   B: Es una goma.

4 表を完成させましょう。Completa la tabla.

定冠詞 Artículo determinado			
el	libro	_____	mesa
_____	libros	las	mesas

不定冠詞 Artículo indeterminado			
_____	libro	_____	mesa
unos	libros	unas	mesas*

*unos, unas → いくつかの

所有詞 1　Adjetivos posesivos (I)

5 A 絵を参考に、所有詞の表を完成させましょう。Mira los dibujos y completa la tabla de posesivos.

yo	yo	tú	tú

mi libro	mis libros	tu goma	tus gomas

	libro		goma		libros		gomas
私の	_____	libro	mi	goma	_____	libros	mis	gomas
君の	tu	libro	_____	goma	tus	libros	_____	gomas
彼の・彼女の、あなたの	su	libro	_____	goma	sus	libros	_____	gomas

5 B 適切な所有詞を入れましょう。Completa con posesivos.

1. (yo) _____mi_____ mesa
2. (tú) _____ lápices
3. (ella) _____ ordenador
4. (usted) _____ diccionario
5. (él) _____ gomas
6. (Juan) _____ profesores

形容詞 Adjetivos

6 A 🔊 会話を聞いて読み、形容詞に下線を引きましょう。 Lee, escucha y subraya los adjetivos.

A: Mira, esta es la Alhambra.
B: ¡Qué grande! ¿Y esta foto?
A: Es el Generalife.
　Es un palacio muy bonito, ¿verdad?
B: Sí, es muy bonito.

6 B 👥 1.〜10. の形容詞の意味を想像して結んでから、先生に確認しましょう。 Imagina el significado de estos adjetivos y relaciónalos con la traducción. Comprueba con el profesor.

1. famoso　　a) きれいな
2. bonito　　b) 大切な
3. simpático　c) 働き者の
4. bueno　　d) 感じがいい
5. grande　　e) 大きい
6. inteligente　f) 有名な
7. importante　g) 頭のいい
8. interesante　h) 興味深い
9. trabajador　i) 良い
10. joven　　j) 若い

6 C 表を完成させましょう。 Completa.

性数変化の種類	👨	👩	👨+👨 / 👩+👨	👩+👩
A	trabajador	trabajadora	trabajadores	
B	famoso	famosa		famosas
	bonito		bonitos	
C	interesante		interesantes	
	importante			
	joven		jóvenes	

6 D 文を読んで、形容詞の用法の説明を選択肢から選んで完成させましょう。 Mira estas frases y completa las reglas.

形容詞 Los adjetivos

● 形容詞は性数によって形を変える。 Los adjetivos cambian de forma según su género y número.
● 形容詞には次の用法がある。 Usos de los adjetivos
　a. ＿＿＿＿＿ に伴って使われる。 Con el verbo *ser* ¿Cómo es la clase? – La clase es interesante.
　b. 名詞を修飾する（形容詞は普通は ＿＿＿＿＿ に置かれる）。 Modificador del sustantivo (normalmente se pone detrás del sustantivo) Barcelona es una ciudad famosa.

名詞の後　　動詞 *ser*

6 E 例にならって文を書き換えましょう。 Reescribe las frases siguiendo el ejemplo.

例）El profesor es simpático.　　José es un profesor simpático.
1. El campus es muy grande.　　Este es ＿＿＿＿＿
2. La universidad es famosa.　　Esta es ＿＿＿＿＿
3. Los estudiantes son inteligentes.　María y José son unos estudiantes ＿＿＿＿＿
4. La ciudad es importante.　　Salamanca es ＿＿＿＿＿

動詞 *ser* と存在・位置を表す *estar*　Verbos *ser* y *estar* (localización)

7 A 読んで表を完成させましょう。 Fíjate en las siguientes frases y completa la tabla.

Lucía es española. Es estudiante de la Universidad de Barcelona.

Barcelona es una ciudad muy famosa. Está en el noreste de España.

表現する内容 Para expresar...		文 frase	動詞 verbo	不定詞 infinitivo
名前	nombre	Ella es Lucía.	es	ser
国籍	nacionalidad	Lucía		
職業	profesión	Lucía		
描写	descripción	Barcelona		
位置	localización	Barcelona		estar

7 B 動詞*ser*の活用表を埋め、*estar*の活用形を下から選んで書きましょう。 Completa la tabla de conjugación del verbo *ser*. Intenta ordenar las formas del verbo *estar*.

	ser	*estar*
yo	soy	
tú		estás
usted, él / ella		
nosotros / nosotras		
vosotros / vosotras		
ustedes, ellos / ellas		

están　　estamos　　estoy　　estás　　está　　estáis

8 🗣 まず、疑問詞のある疑問文の作り方を確認しましょう。次に、モデルのように話しながら、表を完成させましょう。ペアの相手が足りない情報を持っています。 Fíjate en la formación de la pregunta. Luego habla con tu compañero y completa.

Modelo:	
A: ¿Dónde está Fernando?	B: Está en México.

Alumno A　　　　　　　　　　　　　　Alumno B → p. 73

María	Argentina	Fernando	
tú	Perú	usted	
ustedes	Panamá	María y tú	
Juan y tú	Cuba	José y Álvaro	

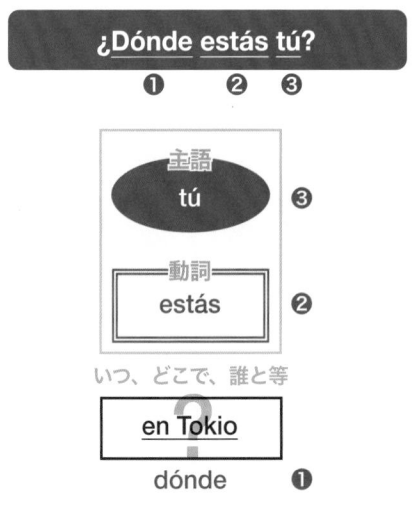

¿Dónde estás tú?

❶　❷　❸

主語
tú　❸

動詞
estás　❷

いつ、どこで、誰と等

en Tokio

dónde　❶

Unidad 3

スペインの都市　Ciudades de España

9 A 場所を表す表現を書き入れましょう。Completa.

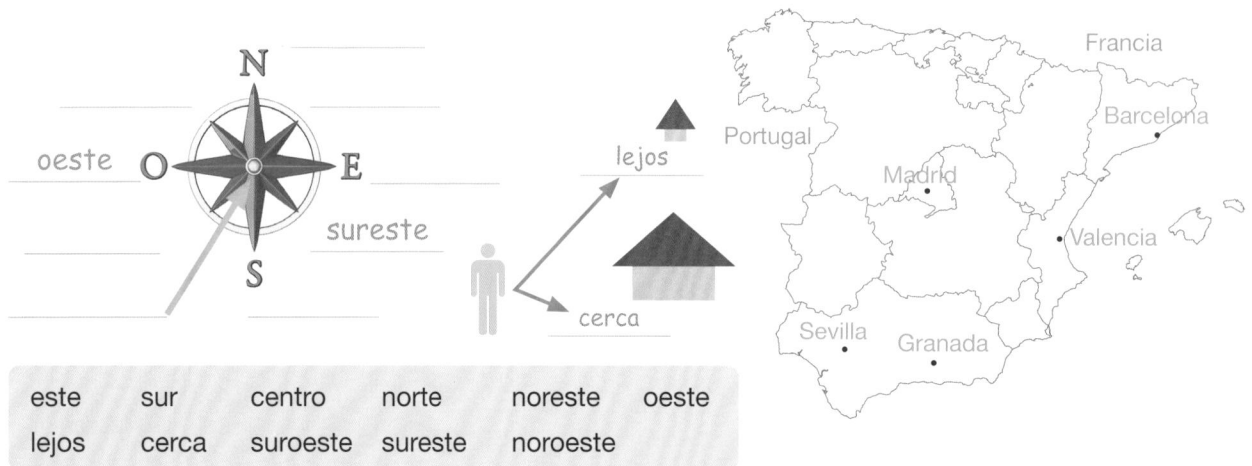

| este | sur | centro | norte | noreste | oeste |
| lejos | cerca | suroeste | sureste | noroeste | |

9 B 9Aの地図を見ながら、都市や国の名前を書きましょう。Mira el mapa de 9A y completa.

1. Está **en el centro de** España: _____.

2. Está **en el este de** España: _____.

3. Está **al norte de** España: _____.

4. Está **al oeste de** España: _____.

5. Está **en el noreste de** España, **al norte de** Valencia: _____.

6. Está **cerca de** Sevilla: _____.

10 A 枠内から語を選び完成させてから、聞いて確認しましょう。Completa con la opción adecuada y después escucha y comprueba.

Raquel es ①_____. Es ②_____ de la Universidad de Granada. Granada es una ③_____ muy ④_____. Granada está en el ⑤_____ de ⑥_____.

① española　　④ inteligente
　 mexicano　　　 bonita

② profesora　　⑤ norte
　 profesor　　　 sur

③ ciudad　　　⑥ México
　 universidad　　 España

10 B 質問に答えましょう。Contesta.

1. ¿De dónde es Raquel? _____

2. ¿Cuál es la profesión de Raquel? _____

3. ¿Cómo es la ciudad de Raquel? _____

4. ¿Dónde está la ciudad de Raquel? _____

10 C 友人や先生、また、その人の住んでいる場所や大学について同じような文章を書きましょう。Escribe textos similares sobre tus amigos o tus profesores y su ciudad o universidad.

ビデオ

▶ ビデオを見て、指示に従いましょう。Mira el vídeo y sigue las instrucciones.

Estudio en la Universidad de Salamanca

この課の目標 Seré capaz de:

● 勉強について話すことができる。Hablar sobre los estudios.

● 日常や余暇の過ごし方について理解し話すことができる。Entender y hablar sobre las actividades cotidianas y del tiempo libre.

● 時刻を言い、スケジュールについて話すことができる。Decir la hora y hablar de horarios.

A ▶ 29🔊 スペイン人女性のAnaの話です。ビデオを見て読みましょう。 Mira el vídeo y lee las siguientes frases de Ana, una chica española.

1.
Hola. Me llamo Ana.

2.
Vivo en Salamanca.

3.
Estudio en la Universidad de Salamanca.

4.
Estudio japonés en la universidad.

5.
Hablo español, inglés y un poco de japonés.

6.
Normalmente como con mi familia en casa.

B 👥 ▶ 30🔊 あなただったらどのように話しますか。Anaの6つの質問を聞いて答えましょう。 ¿Qué dirías tú? Escucha y contesta las 6 preguntas de Ana.

1. Yo me llamo _____.

2. Vivo en _____.

3. Estudio en la Universidad _____.

4. Estudio _____ en la universidad.

5. Hablo _____ y _____.

6. Normalmente como en _____.

Yo

動詞の現在形　Verbos en presente

1 A 文と動詞、動詞の語尾を結びましょう。Relaciona.

1. Vivo en Salamanca.　•
2. Hablo español.　•
3. Como con mi familia.　•

• comer •
• vivir •
• hablar •

• -ar
• -er
• -ir

1 B 適切な形を下から選んで書き入れましょう。クラスで確認しましょう。Completa la tabla. Comprueba en clase.

	hablar	comer	vivir
yo		como	
tú			vives
usted, él / ella	habla		vive
nosotros / nosotras	hablamos		
vosotros / vosotras	habláis	coméis	
ustedes, ellos / ellas			viven

comemos	vivimos	come	hablas	hablan
vivo	hablo	vivís	comes	comen

1 C 活用を練習しましょう。
Practica la conjugación.

Modelo:

A: Tú, hablar.
B: Hablas.
A: Nosotros, comer.
B: Comemos.
A: María, vivir.
B: Vive.

2 A 図を見て文の構成を確認し、列を結んで文を書きましょう。色々な可能性があります。Mira el esquema y escribe frases relacionando las columnas. Hay varias posibilidades.

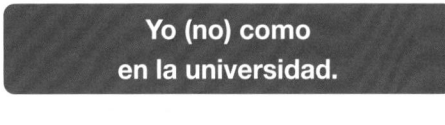

Yo (no) como en la universidad.

主語
yo

no — 動詞 — como

いつ、どこで、誰と等

en la universidad

Yo
Tú
Ana
Nosotras
Vosotras
Ellos

hablas
estudiamos
como
vive
viven
estudiáis

con mi familia
en la universidad
en Salamanca
con los amigos

2 B 動詞を適切な形にして文を完成させましょう。Completa.

1. Montse es de Barcelona pero no _____ (vivir) en Barcelona.
2. Mis amigos y yo _____ (estudiar) en la biblioteca.
3. ¿Tú _____ (vivir) cerca de la universidad?
4. Los profesores no _____ (comer) en casa.
5. ¿Ustedes _____ (estudiar) en la universidad?
6. A: Carlos y tú normalmente _____ (comer) en un restaurante, ¿no?

   B: No, _____ (comer) en casa.

pero
しかし

Ryota es de Tokio pero vive en Osaka.

3 A 動詞と直接目的語を結びましょう。Relaciona el verbo con el objeto directo.

1. hablar   2. estudiar   3. comer   4. leer   5. escribir   6. tomar

paella   geografía   café   español   mensajes   libros

3 B 3Aと下の表現を使って文を書きましょう。主語に注意しましょう。Relaciona los verbos y objetos de 3A con las siguientes expresiones y escribe frases. Fíjate en el sujeto.

en un restaurante   en la biblioteca   en una cafetería
con el móvil   con mis amigos   en la universidad

1. Yo hablo español con mis amigos.
2. Tú _____.
3. Miriam _____.
4. Nosotros _____.
5. Vosotros _____.
6. Ellos _____.

3 C 3Aの適切な動詞を入れて文を完成させましょう。Completa con los verbos de 3A.

1. Yo _____ libros en la biblioteca de la universidad.
2. Eva _____ café por la mañana en una cafetería.
3. A: ¿Ustedes _____ español?
   B: Sí, _____ español. También _____ inglés.
4. Por la noche, Yuka _____ mensajes con el móvil.
5. Nosotros _____ español muy bien.
6. A: ¿Vosotros _____ Economía en la universidad?
   B: María _____ Economía, pero yo _____ Literatura.
7. A: ¿Vosotros _____ mensajes con el móvil?
   B: Sí, también _____ mensajes con el ordenador.
8. María y yo _____ paella en un restaurante.

¡!

por la...

por la mañana 午前中に
por la tarde 午後に
por la noche 夜に

4 例のように質問と否定の答えを書きましょう。Escribe la pregunta y la respuesta.

(tú) trabajar en un restaurante → en una tienda
A: ¿Trabajas en un restaurante?   B: No, no trabajo en un restaurante. Trabajo en una tienda.

1. (tú) vivir en Osaka → en Tokio
2. (Hiroshi) estudiar alemán → español
3. (vosotros) comer tortilla → paella
4. (usted) leer *Hamlet* → *Don Quijote*
5. (ellos) escribir mensajes con el móvil → con el ordenador

疑問詞2　Interrogativos (II)

5 A 図を見て疑問詞のある疑問文の構成を理解しましょう。Mira los esquemas y lee.

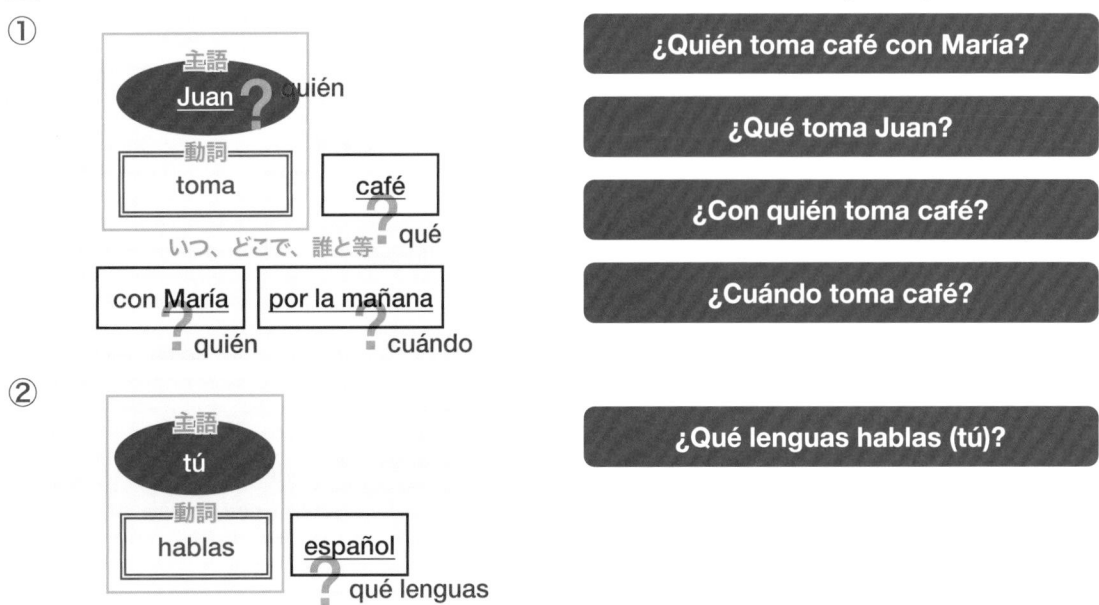

①
- ¿Quién toma café con María?
- ¿Qué toma Juan?
- ¿Con quién toma café?
- ¿Cuándo toma café?

②
- ¿Qué lenguas hablas (tú)?

5 B 疑問詞（*qué, dónde, cuándo, quién*）を入れて文を完成させましょう。Completa.

1. A: ¿_____ lenguas hablas?	B: Hablo japonés y un poco de español.
2. A: ¿_____ estudiáis?	B: Estudiamos en casa.
3. A: ¿_____ leéis?	B: Leemos Don Quijote.
4. A: ¿Con_____ come Miguel?	B: Come con sus amigos.
5. A: ¿_____ tomas café?	B: Tomo café por la mañana.
6. A: ¿_____ escribe mensajes con el móvil?	B: Yo escribo mensajes con el móvil.

5 C 🎧 31)) 聞いて確認しましょう。イントネーションに注意しましょう。Escucha, comprueba y fíjate en la entonación.

5 D 🗣 5 Bのような質問をペアの相手にしましょう。また相手の質問に答えましょう。Haz preguntas parecidas a 5 B a tu compañero. Contesta con tu propia información.

数字（11–30）　Números (11-30)

6 A 🔊 32)) 聞いて繰り返しましょう。Escucha y repite los números.

uno	seis	11	once	16	dieciséis	21	veintiuno	26	veintiséis
dos	siete	12	doce	17	diecisiete	22	veintidós	27	veintisiete
tres	ocho	13	trece	18	dieciocho	23	veintitrés	28	veintiocho
cuatro	nueve	14	catorce	19	diecinueve	24	veinticuatro	29	veintinueve
cinco	diez	15	quince	20	veinte	25	veinticinco	30	treinta

6 B 🗣 アクセント記号がついている数字はどれですか。なぜアクセント記号が必要なのかペアの相手といっしょに考えましょう。¿Cuáles son los números que llevan tilde? Piensa con tu pareja por qué llevan tilde.

6 C 👥 紙に11から30までの数字を5つ算用数字で書きます。全員立ってペアでお互いの数字をスペイン語で読み、終わったら素早くペアの相手を変えます。3人分の数字を読んだら座りましょう。Escribe en una hoja 5 números entre el 11 y el 30 en números arábigos. De pie, lee en español los números de tu pareja. Después cambia de pareja. Puedes sentarte después de leer los números de tres compañeros.

時刻　Las horas

7 A 🗣 🔊 時計の図を見ながら聞いて、時間の言い方を練習しましょう。 Escucha, mira el reloj y practica con tu compañero cómo leer el reloj.

¿Qué hora es?

1:00	Es la una.
2:00	Son las dos.
1:15	Es la una y cuarto.
4:15	Son las cuatro y cuarto.
1:30	Es la una y media.
5:30	Son las cinco y media.
12:45	Es la una menos cuarto.
8:45	Son las nueve menos cuarto.
1:10	Es la una y diez.
11:40	Son las doce menos veinte.

8:00 a. m.　Son las ocho de la mañana.　7:00 p. m.　Son las siete de la tarde.
10:00 p. m.　Son las diez de la noche.

7 B 🗣 お互いに何時か聞き、答えましょう。相手の答えを算用数字で書き取り、あとで正しいかどうか確認しましょう。 ¿Qué hora es? Pregunta al compañero. Escribe su respuesta en números arábigos y comprueba después.

Alumno A　　　　　　　　　　　　　　　　　　　　　　　　　　　Alumno B → p.73

1. 　2. _____　3. 　4. _____　5.

6. _____　7. 　8. _____　9. 　10. _____

曜日　Los días de la semana

8 A 図を見ながら、カレンダーに曜日を書き入れましょう。 Escribe los nombres de los días de la semana.

martes　　miércoles　viernes　　lunes
domingo　jueves　　sábado

Mercurio
Tierra
Luna
Venus
Marte
Júpiter
Sol

ABRIL

lunes					sábado	
	1	2	3	4	5	6
7	8	9	10	11	12	13

El domingo estudio inglés.　Los domingos normalmente no trabajo.

8 B 🗣 モデルのように毎週何曜日に何をするかについての文を２つ書き、グループで話しましょう。 Escribe 2 frases sobre lo que haces todas las semanas y habla con tus compañeros.

Modelo:

Los martes y viernes estudio español.
Los sábados como con mis amigos.

Unidad 4

スペインの若者の生活　Vida de los jóvenes españoles

9 日曜日に次のことをすると想定しましょう。相手が何時にそれをするかを聞いて書き入れましょう。**a.m. と p.m. も書きましょう。** Los domingos haces las siguientes cosas. Escribe a qué hora hace tu compañero cada actividad. Pon a.m. y p.m. también.

Modelo:

A: ¿A qué hora desayunas?　　B: Desayuno a las ocho.

A: ¿A qué hora cenas?　　B: Ceno a las nueve de la noche.

hacer → yo hago

por la mañana
a las ocho de la mañana

Actividad	Hora	Actividad	Hora	Actividad	Hora
desayunar		comer		cenar	
hacer deporte		tomar café		estudiar español	

10 A スペインの若者の生活について想像して下から色々な要素を選んで結び、文を作って書きましょう。
Imagina la vida de los jóvenes españoles y escribe frases. Puedes intentar combinar varios elementos.

Los jóvenes españoles (no)　　Muchos jóvenes españoles　　Pocos jóvenes españoles

viven　　estudian　　trabajan　　comen　　cenan　　hacen deporte

con su familia　　con sus amigos　　solos　　en la universidad　　en casa　　en la biblioteca

normalmente　　por la mañana　　por la tarde　　por la noche

los sábados y los domingos　　a las diez de la noche　　a las tres de la tarde

Modelo:

Muchos jóvenes españoles comen en casa con su familia a las tres de la tarde.

10 B 聞いて文章を完成させましょう。**10** A の文が正しかったかどうか確かめましょう。Escucha y completa. Comprueba tus frases de **10** A.

Muchos jóvenes españoles _____ con su familia o con los compañeros de la universidad, pero pocos viven _____. En las ciudades grandes, por ejemplo en Madrid o Barcelona, _____ estudiantes viven lejos de la universidad, pero en las ciudades pequeñas, como Salamanca o Granada, muchos viven cerca.

_____ las clases son por la mañana. _____, muchos estudian en casa o _____. En España, pocos estudiantes _____. Normalmente _____ y _____ en casa con su familia. Comen _____ de la tarde y cenan a las nueve y media o diez _____. Los sábados y domingos muchos _____. Sus deportes favoritos son el fútbol y el baloncesto.

11 自分の日常生活について他の人に話しましょう。この課の語彙を使い、以下のことについて話してください。
Presenta a tus compañeros cómo es tu vida diaria. Usa el vocabulario de la unidad. Prepara los temas siguientes.

¿Dónde vives?　　　　¿Con quién vives?　　　　¿Dónde estudias?

¿Qué estudias?　　　　¿Qué lenguas hablas?　　　　¿Qué haces normalmente?

¿A qué hora haces esas cosas?　　¿Qué haces los sábados y los domingos?

ビデオ

ビデオを見て、指示に従いましょう。Mira el vídeo y sigue las instrucciones.

La familia

●家族について話すことができる。Hablar sobre la familia.

●人の性格や容姿について話すことができる。Hablar sobre el carácter y el aspecto físico de una persona.

A ▶ 🔊 35 日本人学生の祐太が空港に着くとAnaと彼女の家族が迎えに来ていました。ビデオを見て読みましょう。　Yuta llega al aeropuerto, donde está esperándolo Ana con su familia. Mira el vídeo y lee.

1.

Ella es Carmen.
Es mi madre.

2.

Este es mi padre.
Se llama Pedro.

3.

Él es Rubén, mi
hermano menor.

4.

Esta es mi hermana
mayor, Beatriz.

¡BIENVENIDO, YUTA!

B 👥 携帯電話などに写真を持っていたら、その写真を見せながら、自分の家族について
ビデオのように話しましょう。¿Tienes alguna foto de tu familia en el móvil? Enséñasela a tu
compañero y practica las frases anteriores.

C 👥 下のようなAnaの家族の紹介の例にならって、自分の家族について話しましょう。
Lee esta presentación de Ana. Después, practica con tus compañeros sobre tu familia.

En mi familia somos cinco: mi madre, mi padre, mi hermana Beatriz, mi hermano Rubén y yo.

指示詞 2　Demostrativos (II)

1 A 🔊 Evaが家族について話しています。聞いて読み、写真の人の名前を書きましょう。Eva habla de su familia. Escucha, lee y escribe los nombres de las personas de la foto.

Eva:　**Este** es mi padre. Se llama Antonio.
　　　Y **esta** es mi madre.　Se llama Laura.

José:　¿Y **estos** señores son tus abuelos?

Eva:　Sí, **ese** es mi abuelo Gonzalo
　　　y **esa** mi abuela Juana.

❶	❷	❸	❹

1 B 指示詞の形を想像して表を完成させましょう。クラスで確認しましょう。Imagina la forma correspondiente de los demostrativos y completa la tabla. Comprueba en clase.

指す名詞の性	これ／この	これら／〜の	それ／その	それら／〜の	あれ／あの	あれら／〜の
男性	este			esos	aquel	aquellos
女性		estas	esa		aquella	

1 C 例のような文を作りましょう。指示詞、形容詞、動詞の形に気を付けましょう。Forma frases.

例) libro: ser interesante / aburrido 　　　　　Este libro es interesante, pero ese es aburrido.

1. casa: ser grande / pequeño

2. coche: ser bonito / feo

3. cafetería: estar cerca / lejos

4. estudiantes: estudiar inglés / español

5. diccionarios electrónicos: ser bueno / no muy bueno

所有詞 2　Adjetivos posesivos (II)

2 A 例を見て表を完成させましょう。Fíjate en estos ejemplos y completa.

Estudio Historia.

Estos son mis libros.

Nosotros estudiamos español.

Nuestra profesora es de México.

所有者 ＼ 次に来る名詞	男性単数 amigo	女性単数 amiga	男性複数 amigos	女性複数 amigas
私の	mi			
君の				tus
あなたの、彼の、彼女の、その	su			
私達の	nuestro			nuestras
君達の		vuestra	vuestros	
あなた方の、彼らの、彼女らの、それらの	su			

2 B 適切な所有詞を入れましょう。 Completa con los adjetivos posesivos adecuados.

Yo 私の		Ana アナの		Nosotros 私達の		Vosotras 君達の	
_mi_	gato	_sus_	gafas	_nuestros_	libros	_vuestra_	casa
_____	hermanas	_____	perros	_____	compañeras	_____	padres
_____	móvil	_____	casa	_____	universidad	_____	sillas
_____	lápices	_____	teléfono	_____	hermano	_____	ordenador

2 C 🔊 下線部に適切な所有詞を入れて、文を完成させましょう。 聞いて確認しましょう。 Completa las frases con los adjetivos posesivos adecuados. Escucha y comprueba.

1. Vivimos en Salamanca. _____ casa está cerca de la universidad.

2. Laura estudia Física en la universidad. _____ clases son muy difíciles.

3. Juana y Ricardo son compañeros de clase. _____ profesora es mexicana.

4. A: Nosotros estudiamos inglés.
   B: Yo estudio español. _____ clase es muy interesante. ¿ _____ clase también es interesante?
   A: Sí, _____ clase también es muy interesante.

数字（30-100） Números (30-100)

3 A 🔊 聞きましょう。また２分以内で０から１００まで数えましょう。

Escucha. ¿Puedes contar de 0 a 100 en 2 minutos?

30	treinta	40	cuarenta
31	treinta y uno	50	cincuenta
32	treinta y dos	60	sesenta
33	treinta y tres	70	setenta
		80	ochenta
38	treinta y ocho	90	noventa
39	treinta y nueve	100	cien

Once, doce... dieciséis...
Veintiuno, veintidós...
Treinta y uno, treinta y dos...

Treinta y uno
Treinta y un niños
Treinta y una niñas

3 B 数字を読んで書きましょう。 Lee y escribe los números.

a) 34 _____

b) 67 _____

c) 58 _____

d) 93 _____

e) 31 _____

f) 31 mesas _____ mesas

g) 21 _____

h) 21 años _____ años

動詞 *tener*　Verbo *tener*

4 A 🔊 枠内から答えを選んで、会話を完成させましょう。Completa el diálogo con las respuestas adecuadas. Escucha y comprueba.

A: ¿**Tienes** hermanos?

B: _____

A: ¿Cuántos años **tienen** tus hermanos?

B: _____

A: ¿En casa **tenéis** coche?

B: _____

Sí, **tengo** dos hermanos.

No, porque no vivimos lejos de la estación. Pero todos **tenemos** bicicleta.

Mi hermano Riku **tiene** 26 años y mi hermana Haruka, 22.

4 B **4** Aから活用形を選んで*tener*の活用表を完成させましょう。Busca las formas adecuadas en **4** A y completa la tabla de conjugación.

yo		nosotros / nosotras	
tú		vosotros / vosotras	
usted, él / ella		ustedes, ellos / ellas	

4 C 👥 次の物を持っているか相手に尋ねましょう。相手の質問に答えましょう。Pregunta a tu compañero si tiene las siguientes cosas y contesta a sus preguntas.

1. tableta  2. ordenador  3. coche  4. pasaporte  5. diccionario electrónico  6. novio / novia

Modelo:

A: ¿Tienes coche?　　B: Sí, tengo coche. / No, no tengo coche.

5 写真を見ながら、それぞれ目と髪について、当てはまる形容詞を選びましょう。知らない語は辞書で調べましょう。Completa con las palabras de los cuadros. Puedes usar el diccionario.

Tiene los ojos... marrones / azules / verdes / grandes / pequeños

Tiene el pelo... largo / corto rubio / moreno blanco / negro liso / rizado

1. Luis tiene los ojos _grandes_.

2. Clara tiene los ojos _____.

3. Abel tiene los ojos _____.

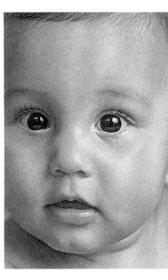

4. Manuel tiene el pelo _____.

5. Carmen tiene el pelo _____. Verónica tiene el pelo _____.

6. Nuria tiene el pelo _____.

 Manuel

Carmen  Verónica  Nuria

人の記述　Descripción de personas

6 A 次の文に当てはまる写真の記号を書きましょう。Relaciona las siguientes descripciones con las fotos.

1. Es jugador de baloncesto. Es muy **alto**. ＿＿

2. Es futbolista. Es un poco **baja**. ＿＿

3. Es profesora. Es muy **alegre**. ＿＿

4. Es muy **gordo**. Es luchador de sumo. ＿＿

5. Es médico. Es **mayor** y un poco **serio**. ＿＿

6. Es atleta. Es muy **delgada**. ＿＿

7. Es modelo. Es muy **guapo** y **elegante**. ＿＿

8. Es mi amigo Pau. Es un poco **feo**, ¡pero es muy **simpático**! ＿＿

9. Es camarero. Tiene 37 años. No es ni **joven** ni **mayor**. ＿＿

a)
b)
c)
d)
e)
f)
g)
h)
i)

形容詞の程度を表す表現

muy　とても
Es muy guapo.
bastante　かなり
Es bastante guapo.
un poco + よくない意味の形容詞
Es un poco mayor.
no / muy
No es muy guapo.

6 B 写真を見て年齢を尋ねましょう。ペアの相手の質問に答えましょう。Mira las fotos. Pregunta a tu compañero la edad de las personas. Contesta a sus preguntas.

Modelo:

A: ¿Cuántos años tiene Luisa?　　B: Tiene 67 años.

Alumno A
Alumno B → p.73

1. Daniel　33　　2. Luisa ＿＿＿＿　　3. Raquel　28　　4. Pedro ＿＿＿＿　　5. Noel y Naia　1

6. Josefa ＿＿＿＿　　7. Miguel　52　　8. Andrés ＿＿＿＿　　9. Beatriz　41　　10. Clara y Ana ＿＿＿＿

Unidad 5

家族の紹介 Presentación de la familia

7 A 🔊 Anaが写真を見せながら家族を紹介します。聞いて読み、写真と結びましょう。Escucha y lee. Relaciona los diálogos con las fotos.

1. Yuta: ¿Este es tu hermano Rubén?

   Ana: Sí.

   Yuta: En esta foto tiene el pelo muy largo. ¿Y tu hermana?

   Ana: A ver... aquí no tengo fotos de mi hermana Beatriz.

2. Yuta: ¿Estos son tus abuelos?

   Ana: Sí, son los padres de mi madre.

   Yuta: ¿Cuántos años tienen?

   Ana: Mi abuelo Gonzalo tiene setenta y uno y mi abuela Juana, sesenta y ocho. En esta foto están con mi prima Silvia.

3. Yuta: ¿Quién es esta chica? Es muy guapa.

   Ana: Sí, ¿verdad? Es mi prima Laura, la hija de mi tía Amparo, la hermana de mi padre.

   Yuta: ¿Es profesora?

   Ana: No, es estudiante, pero trabaja en una academia.

7 B 名前を書き入れてAnaの家系図を完成させましょう。Completa el árbol genealógico de Ana con los nombres.

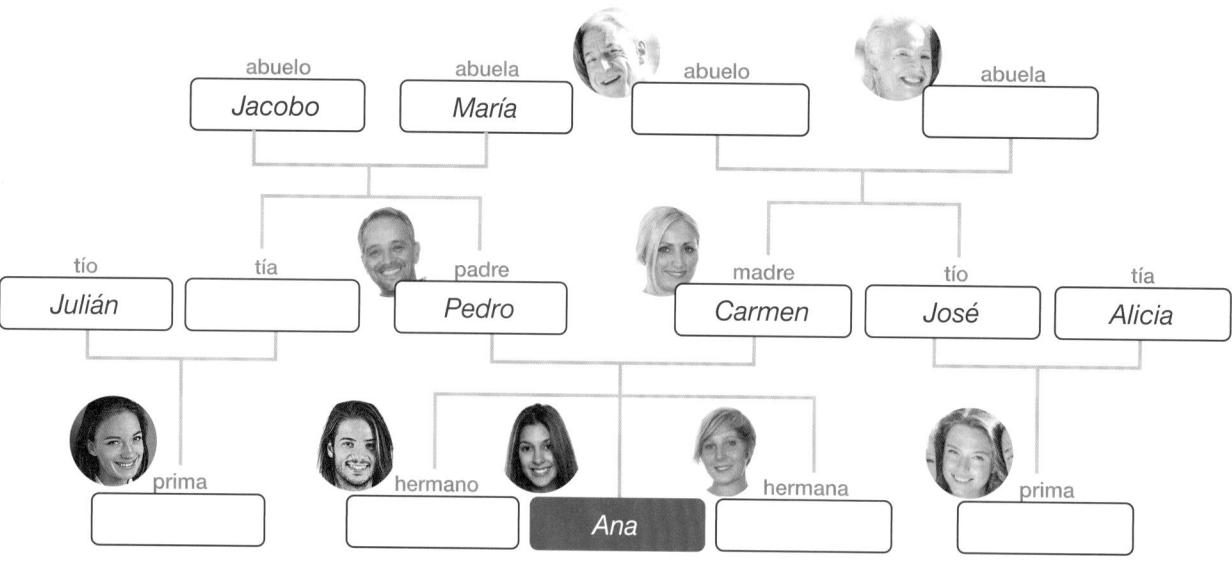

7 C 自分の家系図を書きましょう。そのうちの3人の名前は空欄にします。ペアの相手に、空欄の人の名前を聞き、モデルのように話しましょう。Dibuja el árbol genealógico de tu familia y escribe sus nombres. Deja un hueco para el nombre de tres miembros. Pregunta a tu compañero sobre los huecos que ha dejado.

Modelo:	
A: ¿Cómo se llama tu abuelo?	B: Se llama Hide.
A: ¿Cuántos años tiene?	B: Tiene sesenta y cuatro años.
A: ¿Cómo es?	B: Es alto, delgado y muy simpático. Tiene el pelo corto y blanco.

ビデオ

▶️ ビデオを見て、指示に従いましょう。Mira el vídeo y sigue las instrucciones.

En vacaciones voy a ir a Barcelona

この課の目標 Seré capaz de:

● 有名な場所について話し、そこに何があるかを言うことができる。Hablar de lugares famosos y de qué hay en ellos.

● 場所ややりたい活動についての情報をやり取りすることができる。Intercambiar información sobre lugares y las actividades que quiero hacer en esos lugares.

● 旅の計画や簡単な行程について皆の前で話すことができる。Presentar en público un plan de viaje o un itinerario sencillo.

A 祐太がバルセロナ旅行の予定を話しています。ビデオを見て読みましょう。写真と結びましょう。Mira el vídeo y lee las siguientes frases de Yuta sobre el plan que tiene para viajar a Barcelona. Relaciónalas con las fotos.

1. Voy a ir a Barcelona.　　**2.** La Sagrada Familia está en Barcelona.　　**3.** Voy a ir en tren.

a)

b)

c)

d)

e)

4. Hay muchos monumentos de Gaudí.　　**5.** Quiero ver un partido de fútbol.

B もう休暇のプランを立てましたか。ペアの相手と話しましょう。¿Ya has decidido a dónde vas a ir en vacaciones? Habla con tu compañero.

行く予定の場所	Plan:	Voy a ir a _____.
そこにあるもの	Existencia:	Hay _____.
どこにあるか	Localización:	_____ está en _____.
やりたいこと	Deseo:	Quiero _____.

hay と *estar* の用法　El uso de *hay* y *estar*

1 A 🔊 聞いて写真と文を関連付けましょう。 Escucha y relaciona.

a)

1. En Barcelona **hay** muchos monumentos de Gaudí.
2. En Cuenca **hay** un hotel muy bonito.
3. En Madrid **hay** tres museos muy famosos.
4. En España **hay** playas muy bonitas.
5. ¿**Hay** tren de Madrid a Barcelona?

b)

c)

d)

e)

1 B 右の枠から選んで空欄を埋めましょう。 Elige una de las opciones del recuadro.

1. La Sagrada Familia está en Barcelona.
2. El Museo del Prado _____.
3. Mi hotel está en _____.
4. Esos turistas están en la _____.
5. Silvia y yo estamos en el _____.

> **está** en Madrid
> tren
> playa
> Cuenca

1 C 🔊 聞いて確認しましょう。 Escucha y comprueba.

1 D *hay* と *estar* の使い方の違いを考え、**1**A **1**B の文中から語を選んで表を完成させましょう。 ¿Qué diferencia hay entre *hay* y *estar*? Completa con las palabras de **1**A y **1**B.

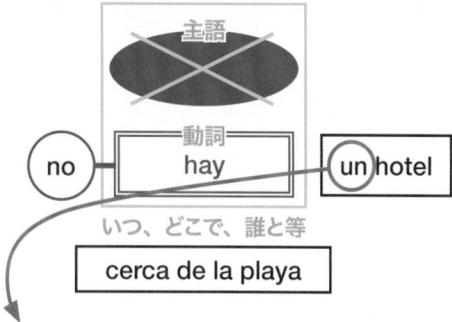

Hay un hotel cerca de la playa.

主語 ✗　動詞 no hay un hotel　いつ、どこで、誰と等 cerca de la playa

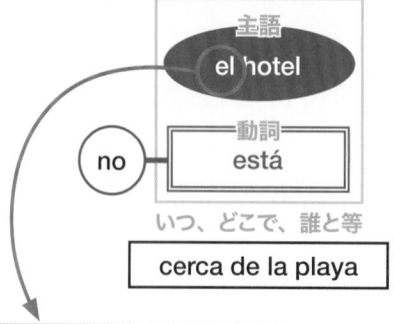

El hotel está cerca de la playa.

主語 el hotel　動詞 no está　いつ、どこで、誰と等 cerca de la playa

数量表現 Cuantificadores
- un / una ＋名詞
- uno / una
- dos, _____, cuatro... （＋名詞）
- mucho / mucha / _____ / muchas （＋名詞）
- poco / poca / pocos / pocas （＋名詞）
- φなし（sin cuantificador）

特定表現 Identificadores
- el / ___ / los / las ＋名詞
- ___, tu, su... ＋名詞
- este, ese, aquel... （＋名詞）
- ___, tú, él, nosotros...
- Juan, _____, Tokio...

（＋名詞）のように、括弧に入っている名詞は、省略可能。＋名詞：＋sustantivo. （＋名詞）：se puede omitir el sustantivo.

2 スペインやイスパノアメリカの地図を見ながら、ペアの相手に国や都市がどこにあるか聞きましょう。相手が聞いた場所を地図で指さしながら *Está aquí.* と答えましょう。Mira el mapa de España o Hispanoamérica. Pregunta a tu compañero dónde está un país o una ciudad. Contesta señalando el mapa.

Modelo:

A: ¿Dónde está Barcelona?　　B: Está aquí.

3 *hay* か *estar* の活用形の適切な形を入れ、文を完成させましょう。青字部分に注意して下さい。Completa las siguientes frases con *hay* o *estar*. Fíjate en la parte marcada en azul.

1. Mis padres _____ en Sevilla ahora.

2. En Madrid _____ dos equipos de fútbol muy famosos, el Real Madrid y el Atlético de Madrid.

3. A: ¿_____ un supermercado por aquí?　B: Sí, _____ uno cerca de la estación.

4. A: ¿_____ muchos estudiantes extranjeros en tu universidad?　B: No, _____ muy pocos.

5. A: ¿Dónde _____ (vosotros)?　B: _____ en la cafetería.

動詞 *ir*　Verbo *ir*

4 🔊 会話を聞いて読み、*ir* の活用表を完成させましょう。Escucha, lee y completa.

David:　¿A dónde vas en las vacaciones?
Belén:　Voy a Cuba.
David:　¿Ah, sí? Laura también va a Cuba.
Belén:　Claro, voy con ella. Vamos a La Habana.

yo		nosotros	
tú		vosotros	vais
él		ellos	van

5 A 下の枠内から、休暇中に自分が行く国を1つ選び、できるだけたくさんのクラスメートと話しましょう。行く場所が同じ場合はグループになります。Decide un país del recuadro para visitar en vacaciones y habla con los compañeros de clase. Forma grupos con los que habéis elegido el mismo país.

Corea	China	Tailandia	Australia
Vietnam	Turquía	Francia	Italia

Modelo 1:

A: ¿A dónde **vas**?
B: **Voy** a China. ¿Y tú?
A: Yo también.
B: ¿**Vamos** juntos / juntas?
A: Vale.

Modelo 2:

A: ¿A dónde **vas**?
B: **Voy** a China. ¿Y tú?
A: Yo **voy** a Francia.
B: ¿Ah sí? Buen viaje.

¿A dónde vas (tú)?

主語 **tú**
動詞 **vas**

いつ、どこで、誰と等

a España

dónde

5 B 結果をクラスで話しましょう。Presenta los resultados.

Modelo:

En este grupo somos cinco estudiantes. Nosotros vamos a España.

En ese grupo son cuatro estudiantes y ellos van a Argentina.

juntos / juntas

· María va a París con Ana.
· María y Ana van juntas a París.

Buen viaje.　よい旅を。

月と季節 Los meses y las estaciones del año

6 A 月の名前を下から選んで表を完成させましょう。Completa.

1月	enero	2月		3月		4月	
5月	mayo	6月		7月		8月	
9月		10月		11月		12月	

febrero   diciembre   septiembre   junio   abril

marzo   julio   noviembre   agosto   octubre

6 B アルゼンチンの季節を下の表に書きましょう。Completa la tabla con las estaciones en Argentina.

Japón	1	2	3	4	5	6	7	8	9	10	11	12
	invierno		primavera			verano			otoño			

Argentina	1	2	3	4	5	6	7	8	9	10	11	12

6 C 下の文の冠詞 *el* や前置詞 *en* の使い方に注目し、自分がいつどこに行くか自由に考え、文を書きましょう。

Fíjate en el uso del artículo *el* y la preposición *en*. Escribe frases sobre a dónde y cuándo vas.

Voy a China **el** 5 de mayo.   Voy a China **en** mayo.   Voy a China **en** primavera.

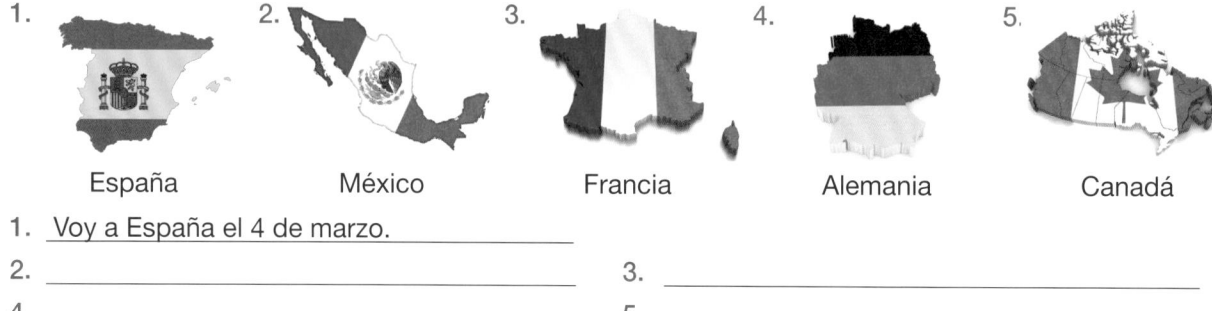

1. España   2. México   3. Francia   4. Alemania   5. Canadá

1. Voy a España el 4 de marzo.
2. _____
3. _____
4. _____
5. _____

ir a + 不定詞   *ir a* + infinitivo

7 A 絵と動作を関連付けましょう。Relaciona.

1. el uno de febrero   2. el quince de agosto   3. en noviembre   4. en las vacaciones

ir a España   comer en un restaurante español

jugar al tenis   viajar por Hokkaido

7 B 文を完成させましょう。Completa.

1. El uno de febrero Abel va a jugar al tenis.
2. El quince de agosto nosotros _____
3. En noviembre mis amigos _____
4. En las vacaciones yo _____

予定 *ir a* + 不定詞：Voy a trabajar.
行く *ir a* + 場所：　Voy a la universidad.

querer + 不定詞 , *tener que* + 不定詞　*querer* y *tener que* + infinitivo

8 A 休暇中にやりたいことは何ですか。枠内から表現を選んで、文を作りましょう。¿Qué quieren hacer estas personas en las vacaciones? Haz frases como el modelo.

querer	
quiero	queremos
quieres	queréis
quiere	quieren

En las vacaciones mis amigos **van a** ir a Barcelona.
Quieren ver la Sagrada Familia.

Mis amigos: Barcelona

Vosotros: Madrid

Yuka: Valencia

Nosotros: Bilbao

comer paella　　　　　　visitar el Museo del Prado
ver un partido de fútbol　　ver la Sagrada Familia

8 B 8Aのことをするために、何をしなければいけませんか。枠内の表現を使って、8Aの文に続けて書きましょう。¿Qué tienen que hacer para sus planes? Completa las frases de 8 A.

En las vacaciones mis amigos **van a** ir a Barcelona.　**Quieren** ver la Sagrada Familia.
Tienen que comprar una guía de Barcelona.

reservar un restaurante　　　　comprar las entradas
comprar una guía de Barcelona　　estudiar un poco de arte

理由と目的　Expresar causa y finalidad

9 A〜Dから好きな要素を選んで意味の通る文を5つ以上作りましょう。Forma 5 frases o más con elementos de las columnas A, B, C, D.

El lunes por la noche tengo que estudiar mucho porque hay exámenes finales.

A						
Mañana	El domingo	El lunes por la noche	En febrero	En verano	Este año	El próximo año

B	C		D
	estudiar mucho	porque	hay exámenes finales.
	trabajar		vivo solo.
voy a	limpiar mi habitación		quiero comer paella con mis amigos.
tengo que	cenar en un restaurante		ganar mucho dinero.
quiero	ir a la universidad	para	asistir a un seminario especial.
	ir a la playa		nadar en el mar.
	viajar por España		practicar mi español.

Unidad 6

旅行のプラン　Planear un viaje

10 A 次の都市名を地図で探して下の地図に書き込みましょう。Escribe el nombre de estas ciudades en el mapa.

Santander
Madrid
Granada
Barcelona
Bilbao
Figueras
San Sebastián
Sevilla
Córdoba

avión
tren
metro
coche
bicicleta
taxi
autobús

10 B 🔊 2回聞いて、Carlosが行く順番に数字を書き、矢印で結びましょう。またもう1回聞いてその場所に行く交通手段を書きましょう。Escucha dos veces y escribe números en el mapa según el orden de la visita de Carlos y une las ciudades con flechas. Escucha de nuevo y escribe cómo va.

11 A 🔊 スライドを見ながらプレゼンテーションを聞きましょう。Mira las diapositivas y escucha la presentación.

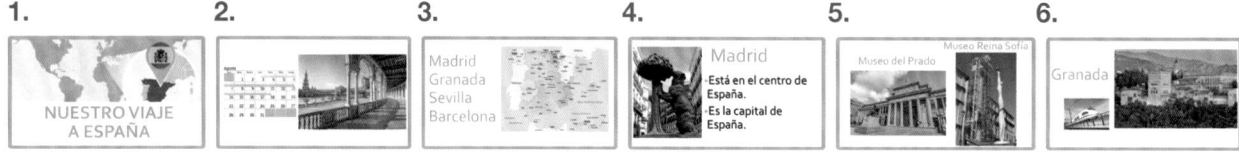

11 B 読みましょう。Lee.

Nuestro viaje a España

1. Somos Miki, Jun y Tomoko. Vamos a presentar nuestro viaje a España.
2. En agosto vamos a ir a España. Vamos a estar catorce días.
3. Vamos a visitar Madrid, Granada, Sevilla y Barcelona.
4. Madrid está en el centro de España. Es la capital de España.
5. En Madrid queremos ver el Museo del Prado y el Museo Reina Sofía. Después queremos ver un partido de fútbol en el estadio Santiago Bernabéu. También queremos comer paella.
6. Vamos a ir de Madrid a Granada en tren. Granada está en el sur de España. Es una ciudad histórica. Hay muchos monumentos famosos.

11 C 👥 3、4人のグループで旅行の予定についてのプレゼンテーションを用意しましょう。En grupos de 3 o 4, planea un viaje y prepara una presentación sobre vuestro plan.

ビデオ

▶️ ビデオを見て、指示に従いましょう。Mira el vídeo y sigue las instrucciones.

Me gusta mucho la música pop. ¿Y a ti?

この課の目標 Seré capaz de:

● 好み、趣味や興味について話すことができる。Hablar de gustos, aficiones e intereses.

● 余暇の活動とその頻度について話したり尋ねたりすることができる。Hablar y preguntar sobre las actividades del tiempo libre y con qué frecuencia las hacemos.

A ▶ 47)) メキシコ人の Zoe の話です。ビデオを見て読みましょう。Mira el vídeo y lee.

¡Hola! Me llamo Zoe. Estoy muy nerviosa porque hoy es mi fiesta de quince años. Esta fiesta es muy importante en mi país, México. Mis padres y yo invitamos a muchos amigos. Bailamos y comemos platos deliciosos. Yo recibo muchos regalos. ¿Quieres venir a mi fiesta?

B 48)) **Zoe の好みについて聞きましょう。正しい方に ✓ しましょう。**Escucha los gustos de Zoe. Marca las frases que oyes.

1. ☐ Me gusta la música, especialmente la música pop.
   ☐ Me gusta la música, especialmente la música rock.

2. ☐ Me gusta mucho el chocolate. ¡Todos los días como un poco!
   ☐ Me gusta mucho el chocolate, pero no como mucho.

3. ☐ Me gusta mucho el fútbol. ¡Es mi deporte favorito!
   ☐ Me gusta mucho el fútbol, pero prefiero el tenis.

4. ☐ Me gusta ir al cine. Me gustan las películas de animación.
   ☐ Me gusta ir al cine. Me gustan las películas de acción.

C 👥 **あなたの好みについての文を書き、ペアの相手に言いましょう。**Escribe sobre tus gustos y díselos a tus compañeros.

¡Hola! Me gusta la música, especialmente la música pop.

前置詞を伴う人称代名詞　Pronombres con preposición

1 A 🔊 会話を聞いて読みましょう。 Escucha y lee.

1. Este regalo es **para Zoe**.

A: Zoe, este regalo es **para ti**.
B: ¿**Para mí**? ¡Gracias, Roberto!
A: De nada.

2. Quiero ir a la fiesta de Zoe **con mi amiga Marta**.

A: Marta, ¿quieres ir a la fiesta de Zoe **conmigo**?
B: ¡Sí! ¡Voy **contigo**!
A: ¡Muy bien! Vamos juntas.

1 B 前置詞の後に置かれる人称代名詞の表を完成させましょう。 Completa la tabla de los pronombres precedidos de preposición.

para / de / a...
mí
_____
usted, _____ / ella
nosotros / _____
_____ / vosotras
ustedes, ellos / _____

con
_____
contigo
usted, él / _____
_____ / nosotras
vosotros / _____
_____ , _____ / ellas

¿Para quién es este regalo?

❶　❷　❸

主語
este regalo ❸

動詞
es ❷

para ti ?
quién ❶

1 C **1 B**の適切な形を入れて会話を完成させましょう。 Completa.

1. A: ¿Para quién es este regalo?
B: Es para _____.
A: ¿Para _____? ¿De verdad? ¡Gracias!

2. A: Yo voy a ir a la fiesta de Zoe.
B: ¿Sí? Yo también voy. ¿Puedo ir _____?
A: Claro. ¡Vamos juntos!

3. A: ¿De quién habláis? ¿De_____?
B: No, no hablamos de ti. Hablamos de Zoe.

¡!

¿De verdad?
Claro.
Gracias.
De nada.

1 D **1 A**の会話を練習しましょう。 Practica las conversaciones de **1 A**.

動詞 *gustar*　Verbo *gustar*

2 A 🔊 聞いて読み、好きだと思っている人の枠を ✓ しましょう。 Escucha y lee. Marca con ✓ los gustos.

María:	Zoe, ¿**te gustan** los deportes?
Zoe:	Sí, **me gustan** mucho. Especialmente el fútbol. ¿Y a ti?
María:	**A mí también**. Siempre veo el fútbol y el béisbol en la tele con mis amigos.

Zoe:	¿Qué música **os gusta**?
Roberto:	**A mí me gusta** la música rock y también el pop japonés. Yo toco la guitarra.
Ana:	¿El pop japonés? ¿De verdad? **A mí también me gusta**, pero **no me gusta** el rock.

	María	Zoe	Roberto	Ana
los deportes				
el fútbol				
la música rock				
el pop japonés				

2 B 表を完成させましょう。 Completa la tabla.

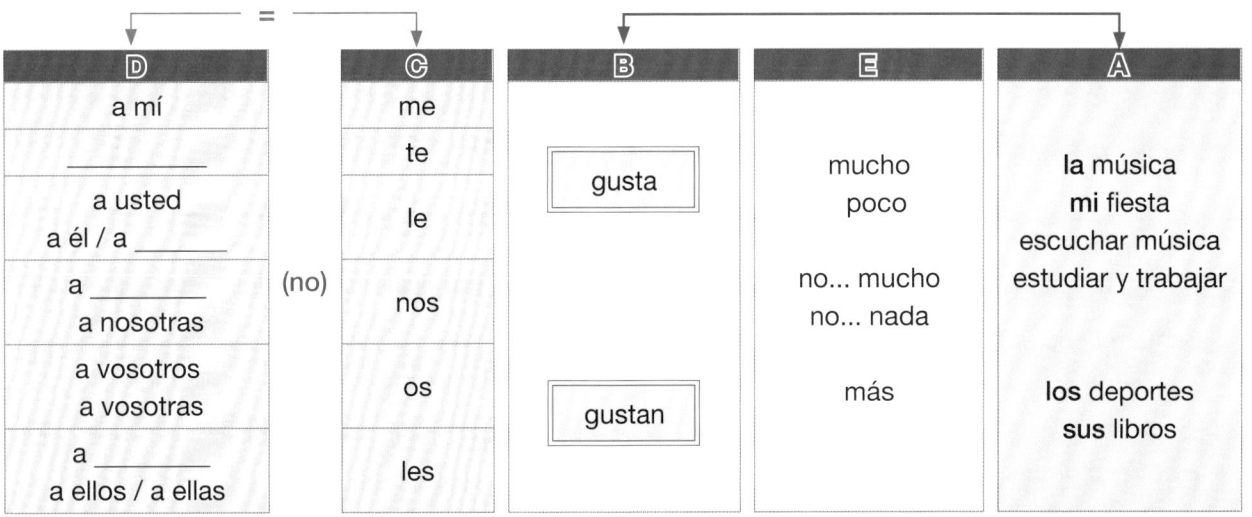

D	G	B	E	A
a mí	me	gusta	mucho poco	**la** música **mi** fiesta escuchar música estudiar y trabajar
_____ a usted a él / a _____ a _____ (no) a nosotras	te le nos		no... mucho no... nada	
a vosotros a vosotras	os	gustan	más	**los** deportes **sus** libros
a _____ a ellos / a ellas	les			

Me gusta la música.
A María le gusta la música.
Le gustan mucho los deportes.
No nos gustan mucho los deportes.
A: ¿Te gusta escuchar música?　B: Sí, me gusta.
Me gusta leer, pero me gusta más escuchar música.

A María no le gusta mucho escuchar música.

¿Qué te gusta?
¿Qué te gusta hacer?
¿A quién le gusta la música?

¿Qué le gusta a María?
¿Qué le gusta hacer a María?
¿A quién le gusta escuchar música?

2 C 動詞の適切な形を入れましょう。
Completa con *gusta* o *gustan*.

1. A Risa y a Maki les _____ estudiar español.
2. A mí me _____ hablar en clase con los compañeros, pero no me _____ los deberes.
3. A: ¿Te _____ los nuevos profesores?
   B: El profesor de Matemáticas me _____ mucho. Los de Economía y Sociología no me _____ mucho.
4. A: ¿Qué te _____ hacer en clase de español?
   B: Me _____ hablar con los compañeros.
5. A: ¿A quién le _____ estudiar español?
   B: ¡A nosotros!

2 D 代名詞を適切な形で入れましょう。 Completa con los pronombres.

1. A: ¿A vosotros _____ gustan los tacos?
   B: Sí, nos gustan mucho.
2. A mi novia _____ gustan mucho las películas de animación, pero a mí no _____ gustan mucho.
3. A: ¿Los japoneses cantáis mucho en el *karaoke*?
   B: Sí. A mis amigos y a mí _____ gusta mucho.
4. A: ¿Quieres un poco de vino?
   B: No, gracias. No _____ gusta mucho el alcohol.
5. A Yuka y a Midori _____ gusta mucho la clase de inglés pero a nosotros _____ gusta más la clase de español.

好みの一致と不一致　Expresar acuerdo y desacuerdo respecto a los gustos

3 A　読んで好きなら 👍 を、きらいなら 👎 のマークを書きましょう。Lee y completa con 👍 o 👎.

👍

Me gusta mucho cantar en el *karaoke*. ¿Y a ti?	

👎

No me gusta cantar en el *karaoke*. ¿Y a ti?	

👍 A mí también.	☐ A mí, no.	☐ A mí tampoco.	☐ A mí, sí.
Canto mucho en el karaoke.	Normalmente no canto en el karaoke.	Normalmente no canto en el karaoke.	Canto mucho en el karaoke.

3 B　答えを書いてから練習しましょう。Escribe y practica con tu compañero.

1. A mí me gusta mucho la clase de español. ¿Y a ti? 👍 _____.

2. A mí no me gustan los exámenes. ¿Y a ti? 👎 _____.

3. A mí no me gusta mucho ir a fiestas. ¿Y a ti? 👍 _____.

4. A nosotros nos gustan mucho los deportes. ¿Y a vosotros? 👎 _____.

5. A mis padres no les gusta ver la televisión. ¿Y a tus padres? 👍 _____.

3 C　次の事柄について、グループで好きかきらいかを話しましょう。**3 A**の表現を使ってください。
Habla en grupo sobre las siguientes cosas. Usa las expresiones de **3 A**.

Modelo:
A: ¿Os gusta el jazz?　B: A mí me gusta.　C: A mí también.　D: A mí, no.　E: A mí tampoco.

1. el jazz　　2. cantar en el *karaoke*　　3. los deportes　　4. ver la televisión

動詞 *encantar, interesar*　Verbos *encantar* e *interesar*

4 A　🔊 聞いて読み、*gustar* と同じような使い方をする動詞を2つ探しましょう。Escucha, lee y busca dos verbos que se usan como el verbo *gustar*.

A: ¡Feliz cumpleaños! Esto es para ti.
B: Muchas gracias. ¡Un libro sobre los mayas!
A: ¿Te gusta?
B: Sí, me encanta. Me interesa mucho la historia.

4 B　次の表の事柄について、*interesar*を使って文を書きましょう。Escribe frases sobre tus intereses.

la historia de Japón	la política
las matemáticas	la literatura
la tecnología	las lenguas extranjeras

Me interesa la historia, pero no me interesan mucho las matemáticas.

_____

_____

_____

動詞 + 不定詞　Verbo + infinitivo

5 A 🔊 理沙が自分の予定について話しています。聞いてそれぞれ何曜日にすることかを書き込みましょう。

Risa comenta su agenda. Escucha y completa con los días de la semana.

a) _____ b) _____ c) _____ d) _____ e) _____

5 B あてはまる写真を 5 A から選んで記号を書きましょう。Lee y relaciona con las fotos de 5 A.

1. ( ) 2. ( ) 3. ( ) 4. ( ) 5. ( )

El viernes voy a cenar en un restaurante español.	El sábado quiero ir a un concierto de música pop con mis amigos.	El domingo no puedo salir. Tengo que estar con mi hermano.	El lunes tengo un examen. ¡Tengo que estudiar!	Mi novio quiere ir al cine el martes, pero yo prefiero ir al museo.

5 C 5 B から例を探して書きましょう。Busca los ejemplos en 5 B y completa la tabla.

Para expresar:	Usamos:	Ejemplo:
● 予定　Planes	*ir a* + 動詞	Voy a cenar en un restaurante español.
● 希望　Deseos	*querer* + 動詞	
● ひいき　Preferencia	*preferir* + 動詞	
● 義務　Obligación	*tener que* + 動詞	
● 可能性　Posibilidad	*poder* + 動詞	

5 D 活用表を完成させ、ペアの相手と練習しましょう。Completa y practica con tu pareja.

tener	
tengo	
	tenéis

poder (o → ue)	
	podemos
puedes	podéis
puede	pueden

querer (e → ie)	
quiero	
	queréis

preferir (e → ie)	
	preferimos
prefieres	preferís
prefiere	prefieren

5 E 5 C の表現を使って会話を完成させましょう。Completa con las expresiones de 5 C.

1. A: ¿Qué _____ hacer el sábado? ¿Tienes planes?

   B: Sí, _____ cenar en un restaurante español con mi novio.

2. A: ¿Qué hacemos el viernes por la noche? ¿Vamos al cine?

   B: ¿Al cine? Yo no _____ ir. Tengo un examen y _____ estudiar.

3. A: ¿Por qué estudias español?　　B: Porque _____ ir a España en el futuro.

4. No me gusta estudiar sola. _____ estudiar con mis amigos.

Unidad 7

好み　Gustos

6 次のようなテーマ等で好みについて話しましょう。 Habla de tus gustos sobre los siguientes temas. ¿Puedes añadir alguna palabra más?

Música	Deportes	Cine	Comidas y bebidas
• el pop	• el fútbol	• las películas románticas	• la paella
• el rock	• el voleibol	• las películas de acción	• las naranjas
• _____	• _____	• _____	• _____

Modelo 1:

A: ¿Te gusta el pop?

B: Sí. Me gusta mucho. ¿Y a ti?

A: Yo prefiero el rock.

Modelo 2:

A: ¿Te gustan las películas de acción?

B: Sí, me encantan. ¿Y a ti?

A: A mí también.

7 A 写真の下に当てはまる表現の記号を書きましょう。 Relaciona.

a) estar con los amigos　　b) ir de compras　　c) hacer deporte　　d) ver la televisión

e) jugar a videojuegos　　f) escuchar música　　g) estar con el novio / la novia　　h) leer

1. 　2. 　3. 　4. 　5. 　6. 　7. 　8.

_____　_____　_____　_____　_____　_____　_____　_____

7 B 7Aのアクティビティをどのような頻度で行うかについて、表の頻度表現を使って、ペアの相手と話しましょう。 Di con qué frecuencia haces las actividades de 7 A.

siempre

normalmente　　　todos los días

a menudo　　　　todas las noches

a veces　　　　　los martes y los jueves

no ... nunca

una vez

dos veces

tres veces　　→　a la semana

cuatro veces　　→　al mes

Modelo 1:

A: ¿Te gusta jugar a videojuegos?

B: Sí, me encanta. Juego a videojuegos todos los días. ¿Y tú?

A: Yo no juego a videojuegos nunca.

jugar	
juego	jugamos
juegas	jugáis
juega	juegan

Modelo 2:

A: ¿Con qué frecuencia haces deporte?

B: Me gusta mucho hacer deporte. Hago deporte tres veces a la semana. ¿Y tú?

A: Yo hago deporte los lunes y los viernes.

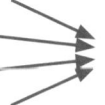

Yo no hago nunca deporte.

= Nunca hago deporte.

ビデオ

 ビデオを見て、指示に従いましょう。 Mira el vídeo y sigue las instrucciones.

¡Muy bien!
Compacto

Curso de español

1

Juan Carlos Moyano López
Carlos García Ruiz-Castillo
Yoshimi Hiroyasu

Editorial ASAHI

Queridos estudiantes:

En este cuaderno de ejercicios del libro de texto que estáis usando en vuestra clase de español, ¡Muy bien 1! Compacto, encontraréis dos partes bien diferenciadas en cada una de las doce unidades:

Referencia:
Aquí podrás consultar explicaciones en japonés de los contenidos gramaticales que aparecen en el libro. Pregúntale a tu profesor si puedes estudiar estas explicaciones antes de la clase, o si prefiere que te sirvan de repaso después de la clase.

Ejercicios:
Los diferentes ejercicios de práctica formal que encontrarás en este cuaderno te ayudarán a asimilar los contenidos del libro de texto. Tu profesor tiene las soluciones, pídeselas si las necesitas.

Recordad que las explicaciones son solo de consulta y los ejercicios sirven solamente de refuerzo; por tanto, no sustituyen las actividades ni las explicaciones del libro del alumno.

Ahora sí que no tenéis excusas para aprender español ¡Muy bien!

学生のみなさんへ

この練習帳は、皆さんが授業で使っている教科書 ¡Muy bien! 1 Compacto の補助教材で、それぞれの課は 2 つの部分からできています。

説明：
教科書で扱っている文法内容の説明が日本語で書いてあります。この部分を授業前に予習として家で学習しておくべきか、あるいはこれを授業の復習として使うかは先生に聞いてください。

練習問題：
この練習帳にある様々な問題は教科書で学んだ文法事項をしっかり身につけるのに役に立つでしょう。解答が必要な場合は先生に聞いてください。

この練習帳の説明は参考書として使うこと、また練習問題は授業の補強に役に立てることを目的としています。教科書のアクティビティや説明の学習の代わりにこれだけをやっておけばいいというものではないことに注意してください。

これがあればスペイン語をしっかり¡Muy bien!に学べること間違いありません。

ÍNDICE

Unidad 1. ¿Cómo te llamas?

I アルファベット Alfabeto

文字		文字の名前	文字		文字の名前	文字		文字の名前
A	a	a	J	j	jota	R	r	erre
B	b	be	K	k	ka	S	s	ese
C	c	ce	L	l	ele	T	t	te
D	d	de	M	m	eme	U	u	u
E	e	e	N	n	ene	V	v	uve
F	f	efe	Ñ	ñ	eñe	W	w	uve doble
G	g	ge	O	o	o	X	x	equis
H	h	hache	P	p	pe	Y	y	ye (i griega)
I	i	i	Q	q	cu	Z	z	zeta

II 発音 Pronunciación

　スペイン語には, 細かい違いにこだわらなければ日本語と同じように発音しても差しつかえない音が多くあります。日本語と大きく異なる音を中心に練習しましょう。

a	[a]	日本語の「ア」
b	[b]	日本語の「バ」行音の子音。b と v は全く同じ音なので, 語を覚えるときに b と書くか v と書くかを意識して覚えるようにする。
c	[k]	a, e, o の前, 子音の前: 日本語の「カ」行音の子音。*casa* *diccionario* の cc では最初の c は[k] 次は[θ]
	[θ]	e, i の前: 英語の濁らない th の音。*cero* ce と ze, ci と zi は全く同じ音 だが, ze, zi はあまり使われない。イスパノアメリカでは[θ]は[s]と全く同じ音で発音される。
	[tʃ]	h の前: 日本語の「チャ」行音の子音
d	[d]	日本語の「ダ」「デ」「ド」の子音
e	[e]	日本語の「エ」
f	[f]	英語の f のように下唇に軽く上の前歯をあてる。
g	[g]	a, e, o の前, 子音の前: 日本語の「ガ」行音の子音。r や l などの子音の前でも[g] *gris* ue, ui の前: gue[ge]　gui[gi]はそれぞれ日本語の「ゲ」「ギ」 üe, üi の前: güe [gue]　güe [gui] はそれぞれ「グゥエ」「グゥイ」のような音
	[x]	e, i の前: 「ハ」行音の子音に似ているが, うがいをする時の喉の位置から出す音。ge と je, gi と ji は全く同じ音なので, 語を覚えるときに音だけではなく, g と書くか j と書くかを意識して覚える必要がある。
h		発音されない。語を覚えるときに h を意識して覚える必要がある。

i	[i]	日本語の「イ」
j	[x]	「ハ」行音の子音に似ているがうがいをする時の喉の位置から出す音。ge と je, gi と ji は全く同じ音
k	[k]	日本語の「カ」行音の子音。ca と ka, co と ko, cu と ku は全く同じ音だが, k の文字は一部の外来語にのみ使われるので, 普通は ca, co, cu が使われる。
l	[l]	舌先を上の前歯の裏に着けて発音する日本語の「ラ」行音に似た音。一般に日本人は[r]と聞き分けるのを難しいと感じるが, 舌の位置を間違えなければ r と l を区別した発音は容易にできる。
	[ʎ]等	ll: 日本語の「リャ」の子音, あるいは「ジャ」の子音に似た音。地域差や個人差が大きく, y と全く同じ音を使う話者も多い。
m	[m]	日本語の「マ」行音の子音
n	[n]	日本語の「ナ」行音の子音
ñ	[ɲ]	日本語の「ニャ, ニュ, ニョ」の子音
o	[o]	日本語の「オ」
p	[p]	日本語の「パ」行音の子音
q	[k]	次に来る文字は ue または ui のみで, que[ke] qui [ki]のように発音される。日本語の「カキクケコ」は ca, qui, cu, que, co になる。
r	[r]	rr, 語頭, l や s など一部の子音の前, 語尾: 舌先を数回振るわせるように発音する。*guitarra, rey, Carlos, señor*
	[r]	日本語の「ラ」行音の子音と似た音だが, [l]と区別するために, 舌先を上の前歯に当てないように, 少し中の方によせて発音する。*pero*
s	[s]	日本語の「サ」[sa]の子音。日本語の「シ」[ʃ]の音ではないことに気を付ける必要がある。
t	[t]	日本語の「タ」「テ」「ト」の子音。「チ」や「ツ」の子音ではないことに注意
u	[u]	日本語の「ウ」はしばしば弱く発音されるが, スペイン語では[u]は日本語の「ウ」よりはっきりと発音する。
v	[v]	日本語の「バ」行音の子音。b と v は全く同じ音。
w	[b]等	外来語にのみ使われ, 普通は言語の音と似た音で発音されるか, [b]音になる。
x	[ks]	[ks]という音だが, [k]が弱い場合が多く, *taxi*[tasi]のように聞こえることがある。
y	[ʎ]等	日本語の「ヤ」行の子音, あるいは「ジャ」の子音に似た音。地域差や個人差が大きく, ll と全く同じ音を使う話者も多い。
	[i]	次に母音が来ないときは、[i]の音
z	[θ]	英語の濁らない th の音。ze, zi はあまり使われない。イスパノアメリカでは[s]と全く同じ音で発音される。

5

Unidad 1. ¿Cómo te llamas?

III アクセント記号の決まり Reglas de acentuación

　それぞれの語ではどの母音が強く発音されるかが決まっています。母音には, a, e, i, o, u の5つがありますが, 何が2重母音あるかを理解しておく必要があります。強勢の置かれる母音を考えるときに, 2重母音は1つの母音として数えるからです。

2重母音				
● 弱い母音 i, u を含む2つの異なる母音の組み合わせ ● a, e, o (太字の母音) に強勢が置かれる。	a → i e o	ai, ia ei, ie oi, io	a → u e o	au, ua eu, ue ou, uo iu ui

語を読むときの決まり

　書いてある語を見れば必ずどの母音に強勢が置かれるかが分かります。語を読む際には規則を番号順に当てはめていきます。

1.	アクセント記号が書いてある語はアクセント記号のある母音に強勢が置かれる。 *América, café, jamón* *cafetería* (ia は2重母音だがアクセント記号があるので i と a は別々の母音として発音される)
2.	アクセント記号が書いていない語で, n, s または母音で終わっている語は後ろから数えて2番目の母音に強勢が置かれる。 *examen, zapatos* *Nicaragua* (ua は2重母音で1つの母音として数えるので ra の a に強勢)
3.	アクセント記号が書かれていない語で, n や s 以外の子音で終わっている語は1番後ろの母音に強勢が置かれる。 *Madrid, español, yogur*

語を書くときの決まり

　語を聞いて, どの母音に強勢が置かれているかが分かれば, ほとんどの場合*, 正確にアクセント記号を付けることができます。次の規則に従って必要なアクセント記号を書きます。

1.	母音が2つ以上ある語で, 1番後ろの母音に強勢が置かれる語ではn, s, または母音で終わっている場合は強勢が置かれる母音にアクセント記号を付ける。*autobús, lección, Perú*
2.	後ろから2番目の母音に強勢が置かれる語ではn, s 以外の子音で終わっている場合は, 強勢が置かれる母音にアクセント記号を付ける。*lápiz, béisbol* (ei は2重母音で, e と i では e に強勢が置かれる)
3.	後ろから3番目や, それより前の母音に強勢が置かれる語では強勢が置かれる母音にアクセント記号を付ける。 *teléfono, música*

　* 「はい」の意味の *sí* や疑問詞のように, 発音上は必要ないのに, 意味の区別をするためにアクセント記号がつけられる語があります。

Referencia

IV クラスで使う表現 Expresiones que usamos en clase

¿Cómo se dice ねこ en español?	猫をスペイン語で何と言いますか。
¿Cómo se escribe?	どのように書きますか。
Otra vez, por favor.	もう一度お願いします。
Más despacio, por favor.	もっとゆっくりお願いします。
Más alto, por favor.	もっと大きな声でお願いします。

V 挨拶他 Saludos y despedidas

Hola.	こんにちは。(一日中)
Buenos días.	おはようございます。(昼食前)
Buenas tardes.	こんにちは。(昼食後)
Buenas noches.	こんばんは。(日没後)
¿Cómo te llamas?	君の名前は？
Me llamo Hiroshi.	私は弘です。
¿Qué tal?	元気？
Muy bien.	元気だよ。
Gracias.	ありがとう。
¿Y tú?	で, 君は？
Encantado.	初めまして。(自分が男性の場合)
Encantada.	初めまして。(自分が女性の場合)

Unidad 1. Hola. ¿Cómo te llamas?

1 例のように名前と姓のスペリングを書きなさい。 **Deletrea los nombres y apellidos como en el ejemplo.**

例) Carlos García

Nombre: ce, a, erre, ele, o, ese   Apellido: ge, a, erre, ce, i (con acento) , a

1. María González
   Nombre: _____ Apellido: _____
2. Isabel Rodríguez
   Nombre: _____ Apellido: _____
3. Francisco Martín
   Nombre: _____ Apellido: _____
4. Pedro Molina
   Nombre: _____ Apellido: _____

2 スペリングを読み単語を書きなさい。日本語で意味も書きましょう。 **Lee cómo se deletrean estas palabras y escríbelas. ¿Sabes qué significan?**

	語 Palabra	和訳 En japonés
例) cu, u, e, ese, o	queso	チーズ
1. ce, a, ese, a	_____	_____
2. ce, i, ene, e	_____	_____
3. jota, a, p, o (con acento) , ene	_____	_____
4. ge, u, i, te, a, erre, erre, a	_____	_____
5. e, ese, pe, a, eñe, o, ele	_____	_____
6. hache, o, ese, pe, i, te, a, ele	_____	_____
7. ce, hache, o, ce, o, ele, a, te, e	_____	_____
8. ye, o, ge, u, erre	_____	_____

3 発音に注意して, 正しいスペリングで書きましょう。 **Fíjate en la pronunciación y escribe las palabras con la grafía correcta.**

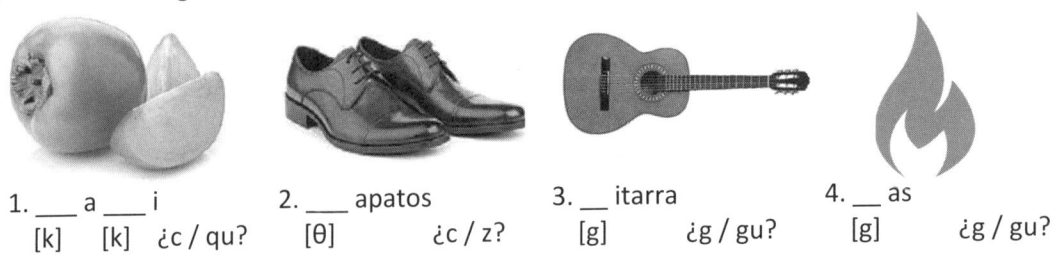

1. ___ a ___ i   2. ___ apatos   3. __ itarra   4. __ as
   [k]   [k] ¿c / qu?   [θ]   ¿c / z?   [g]   ¿g / gu?   [g]   ¿g / gu?

4 下線部の強く発音される母音に注目し, 必要な場合はアクセント記号を書きましょう。 **Fíjate en la vocal fuerte subrayada y añade el acento si es necesario.**

1. caf<u>e</u>
2. tel<u>e</u>fono
3. <u>A</u>sia
4. C<u>u</u>ba
5. l<u>i</u>bro
6. Madr<u>i</u>d
7. h<u>o</u>la
8. Y<u>o</u> me ll<u>a</u>mo Carlos.
9. M<u>e</u>xico
10. autob<u>u</u>s
11. ex<u>a</u>men
12. m<u>u</u>sica

5 適切なところに¿?¡!を書きなさい。 **Añade los signos ¿? ¡! en los lugares apropiados.**

A: Hola! ¿Qué tal

B: Muy bien, gracias.   Y tú?

A: Cómo te llamas?

B: Me llamo Misae.

A: Misae? ¿Cómo se escribe

B: Eme, i, ese, a, e.

A: ¡Gracias

6 サッカーの試合の結果です。数を算用数字で書きなさい。 **Lee los resultados de estas competiciones de fútbol y escribe los números en arábigo.**

1.   Argentina ____ (tres) , Colombia ____ (cinco)
2.   México ____ (seis) , España ____ (dos)
3.   Japón ____ (cuatro) , Perú ____ (cuatro)
4.   Costa Rica ____ (uno) , Uruguay ____ (tres)

7 数を順に並べなさい。 **Ordena los números.**

ocho, seis, dos, cinco, cero, tres, diez, cuatro, siete, uno, nueve

_____

_____

8 下線部に１語ずつ書き加えて,会話を完成させなさい。 **Completa estas conversaciones con una palabra.**

A: Hola, _____ días.

B: Buenos_____.

A: ¿_____ te llamas?

B: Me _____ Misae.

A: ¿Misae? ¿Cómo se _____?

B: Eme, i, ese, a, e.

A: Otra vez por _____.

B: Eme, i, ese, a, e.

9 自由に会話を完成させなさい。 **Completa estas conversaciones libremente.**

1.   A: ¡Hola! ¿Cómo te llamas?

      B: _____ _____

      A: Yo me llamo Ana. Encantada.

      B: _____

2.   A: ¡Hola! _____

      B: _____. ¿Y tú?

      A: Muy bien, gracias.

Unidad 2. Hola. Soy japonés, de Tokio

I 主語になる人称代名詞 Pronombres personales de sujeto

1 人称	yo	私は	nosotros nosotras	私たちは
2 人称	tú	君は	vosotros vosotras	君たちは
3 人称	usted (=Ud.) él ella	あなたは 彼は 彼女は	ustedes (=Uds.) ellos ellas	あなた方は 彼らは 彼女らは

- *nosotras, vosotras, ellas* は全員が女性の場合のみ使われる。
- *él* は定冠詞の *el* と区別するためにアクセント記号を付ける。
- *usted / ustedes* は距離感をもって接する相手に使う敬称。
- イスパノアメリカ諸国では *vosotros, vosotras* は使われず, *tú* で話す相手を含む「君たちは」も *ustedes* になる。

II 動詞 *ser* Verbo *ser*

yo	soy	nosotros / nosotras	somos
tú	eres	vosotros / vosotras	sois
usted, él / ella	es	ustedes, ellos / ellas	son

- 主語は文中で省略することができる。また文中で様々な位置に置かれる。
- *ser + de +* 国名で出身地を表す。
- 否定の *no* は動詞のすぐ前に置く。

¿Eres de Japón? ¿Eres tú de Japón? ¿Tú eres de Japón?　君は日本出身ですか？

Sí, soy de Japón. Sí, yo soy de Japón. はい，私は日本出身です。

¿Sois de Japón? ¿Sois vosotros de Japón? ¿Vosotros sois de Japón? 君達は日本出身ですか？

No, no somos de Japón. No, nosotros no somos de Japón. いいえ，日本出身ではありません。

動詞 *ser* の使い方

名前を述べる	*Soy Alberto.*　私はアルベルトです。
国籍を述べる	*Soy español.*　私はスペイン人です。
職業を述べる	*Soy médico.*　私は医師です。
出身を述べる	*Soy de Madrid.*　私はマドリッド出身です。(前置詞 *de* を使う)

III 国籍を表す語の性と数 Género y número de las nacionalidades

男性単数	女性単数	男性複数	女性複数	国名	和訳
A 男性単数が子音で終わる語: 女性単数は *a* を, 男性複数は *es*, 女性複数は *as* を加える					
japonés	japonesa	japoneses	japonesas	Japón	日本
español	española	españoles	españolas	España	スペイン
inglés	inglesa	ingleses	inglesas	Inglaterra	イギリス
alemán	alemana	alemanes	alemanas	Alemania	ドイツ

B 男性単数が *o* で終わる語: 女性単数は *o* を *a* に変え, 複数形は *s* をつける					
cubano	cubana	cubanos	cubanas	Cuba	キューバ
argentino	argentina	argentinos	argentinas	Argentina	アルゼンチン
coreano	coreana	coreanos	coreanas	Corea	韓国朝鮮
peruano	peruana	peruanos	peruanas	Perú	ペルー
chileno	chilena	chilenos	chilenas	Chile	チリ
C 男性形, 女性形が同じ語: 複数形は *s* をつける					
estadounidense		estadounidenses		Estados Unidos	アメリカ合衆国
canadiense		canadienses		Canadá	カナダ

- 動詞 *ser* を使った文で, 国籍を表す語の性数は主語の性数と同じものになる。
  (性数一致する)

¿Eres inglesa? Sí, soy inglesa. 君はイギリス人ですか?はい, イギリス人です。

¿Sois ingleses? No, no somos ingleses. 君達はイギリス人ですか。いいえ, イギリス人ではありません。

IV 職業を表す語 Profesiones

男性単数	女性単数	男性複数	女性複数	和訳
A 男性単数が子音で終わる語: 女性単数は *a* を, 男性複数は *es*, 女性複数は *as* を加える				
profesor	profesora	profesores	profesoras	教師
B 男性単数が *o* で終わる語: 女性単数は *o* を *a* に変え, 複数形は *s* をつける				
médico	médica	médicos	médicas	医師
secretario	secretaria	secretarios	secretarias	秘書
camarero	camarera	camareros	camareras	ウェイター
C 男性形, 女性形が同じ語: 複数形は *s* をつける				
estudiante		estudiantes		学生
futbolista		futbolistas		サッカー選手

- 動詞 *ser* を使った文で, 職業を表す名詞の性数は主語の性数に一致する。

V 疑問詞 Interrogativos →Unidad 4 IV

dónde どこ	*¿De dónde eres?*	君の出身はどこですか。
cuál どれ, 何	*¿Cuál es tu profesión?*	君の職業は何ですか。
	¿Cuál es tu apellido?	君の苗字は何ですか。
cómo どのように	*¿Cómo te llamas?*	君の名前は何ですか。

- 疑問詞と前置詞がともに使われている時, 前置詞は必ず疑問詞といっしょに文頭に置かれる。*de dónde*
- 疑問詞の次は動詞。(一般に主語はその後)

VI 指示詞 Demostrativos →Unidad 3 II, Unidad 5 I

男性単数	女性単数	男性複数	女性複数	和訳
este	esta	estos	estas	これ/これら

- 指示詞は, 指している人や物の性と数に一致する。

Estas son Yuka y Hitomi. こちらは由香と仁美です。

Unidad 2. Hola. Soy japonés, de Tokio

1 発音に注意しながら声を出して読みなさい。 **Lee cuidando la pronunciación.**

人の名前 Nombres de personas							
José	Raquel	Daniel	Ana	Elena	Carmen	Juan	Enrique
Roberto	Marta	Beatriz	María	Sofía	Luis	Miguel	Carlos

国の名前 Países					
Argentina	Chile	Perú	Cuba	España	Inglaterra
Alemania	Canadá	Estados Unidos	Corea	China	Japón

2 主語になる人称代名詞を書きなさい。 **Completa con el pronombre personal de sujeto adecuado.**

例) Carlos y yo: nosotros

1. Ana: _____
2. Carmen y Elena: _____
3. Miguel y Carlos: _____
4. Sofía y Miguel: _____
5. Luis y yo: _____
6. Roberto y tú: _____

3 動詞 *ser* の適切な形を入れなさい。 **Completa con la forma adecuada del verbo *ser*.**

1. A: ¿De dónde _____ (tú) ?   B: (yo) _____ de Japón.
2. A: ¿De dónde _____ (vosotras) ?   B: _____ de México.
3. A: ¿ _____ usted de España?   B: No, _____ de Argentina.
4. A: ¿De dónde _____ ustedes?   B: _____ de Barcelona.
5. A: ¿ _____ Yuka y Rei de Osaka?   B: No. Rei _____ de Kobe.
6. A: ¿ _____ Carlos y tú de España? B: Sí. Carlos _____ de Madrid y yo _____ de Valencia.

4 国の名前を,国籍を表す語の適切な形に変えて,文を書き換えなさい。 **Cambia el nombre del país por el adjetivo de nacionalidad en la forma adecuada.**

例) Carlos es de España. → Carlos es español.

1. Nosotros somos de Japón. →_____
2. Celia y Roberto son de Cuba. →_____
3. Ella es de Argentina. →_____
4. Él es de Estados Unidos y ella es de Canadá. →_____
5. ¿Vosotras sois de Estados unidos? →_____
6. John es de Inglaterra y Sara es de Alemania. →_____
7. Raquel y Sofía son de Chile. Roberto es de México. →_____
8. Ellas son de Corea, de Seúl. →_____

5 職業を表す語を適切な形に変えて文を完成させなさい。 **Completa con la palabra de profesión indicada en la forma correcta.**

例) Carmen es española. Es (médico) médica.

1. Nosotros somos canadienses. Somos (camarero) _____.
2. Carmen y Ana son chilenas. Son (secretario) _____.
3. Messi es argentino y Neymar es brasileño. Son (futbolista) _____.
4. Tomoko y Mana son japonesas. Son (estudiante) _____ de español.
5. Nosotras somos españolas. Somos (profesor) _____ de español.

6 自分自身について答えなさい。 **Contesta con tu propia información.**
1. ¿Cómo te llamas? _____
2. ¿Cuál es tu apellido? _____
3. ¿Cómo se escribe tu apellido? _____
4. ¿De dónde eres? _____
5. ¿Cuál es tu profesión? _____

7 例のように質問を書き，またそれに答えなさい。 **Escribe la pregunta y la respuesta como en el ejemplo.**
例) Ana: profesor → estudiante
    Pregunta: ¿Es Ana profesora?   Respuesta: No, no es profesora. Es estudiante.
1. Luis y Raúl: P: _____
   español → chileno   R: _____
2. vosotros: P: _____
   secretario → médico   R: _____
3. tú: P: _____
   camarero → estudiante   R: _____
4. John y Ann: P: _____
   estadounidense → inglés   R: _____
5. vosotras: P: _____
   francés → canadiense   R: _____

8 適切な質問を書きなさい。 **Escribe la pregunta adecuada.**
1. ¿_____? (Ana) es española.
2. ¿_____? Soy estudiante.
3. ¿_____? Me llamo Yuka.
4. ¿_____? Soy japonés.
5. ¿_____? Somos españoles.
6. ¿_____? No, (Carlos y Marta) no son de Madrid.
7. ¿_____? Kei es de Osaka y Wataru es de Tokio.
8. ¿_____? No, (Sofía) no es profesora. Es estudiante.
9. ¿_____? Soy española, de Valencia.
10. ¿_____? Sí, soy estudiante.

9 次の人を紹介する文を書きなさい。 **Presenta a estas personas.**
例) Ana, español, profesor → Esta es Ana. Es española. Es estudiante.
1. mi amigo Daniel, español, camarero →_____
2. mi amiga Celia, cubano, profesor →_____
3. Kei y Wataru, japonés, médico →_____
4. Raquel y Sofía, chileno, futbolista →_____

Unidad 3. Mi universidad

I 定冠詞と不定冠詞 El artículo determinado e indeterminado

	定冠詞		不定冠詞	
	単数	複数	単数	複数
男性	el	los	un	unos
女性	la	las	una	unas

- 定冠詞は英語の *the*, 不定冠詞は単数では英語の *a*, 複数では *some* にあたる冠詞
- 定冠詞は文中で強勢が置かれない弱勢語。不定冠詞は強勢が置かれる強勢語

el lápiz	特定の鉛筆1本	*un lápiz*	不特定の1本の鉛筆
los lápices	複数の特定の鉛筆	*unos lápices*	鉛筆数本

II 指示詞 Demostrativos　→Unidad 2 VI, Unidad 5 I

男性単数	女性単数	男性複数	女性複数	中性	和訳
este	esta	estos	estas	esto	これ/これら

指示詞中性は以下のような場合に使う

- 指しているものの名前がわからないため, 男性か女性か決められない場合。
  ¿Qué es esto? これは何ですか。
- 具体的な物や人ではなく、「前の文で述べたこと」や概念などを指す場合。

III 所有詞 Adjetivos posesivos　→Unidad 5 II

男性単数	女性単数	男性複数	女性複数	和訳
mi		mis		私の
tu		tus		君の
su		sus		彼の・彼女の・あなたの

- 所有詞 *mi, tu, su* は必ず名詞の前に置かれ「私の」「君の」のように, 次の名詞の所有者を表す弱勢語 (強勢が置かれない)
- 所有詞 *mi, tu, su* は次に置かれる名詞の数に一致する。「私の本」*mi libro* のような表現で, 本が複数の場合 *mi* も複数になる。 *mis libros*
- su は「彼の」「彼女の」「あなた (usted) の」「その」や,「彼らの」「彼女らの」「あなた方 (ustedes) の」「それらの」のような所有者が複数の時も使われる。*su* と *sus* では意味の違いはなく, 次の名詞の数が違っていることに注意
- 所有者を所有詞のみで特定できないときは名詞の前は定冠詞 *el/la*...にし、所有者は名詞の後に前置詞 de＋人を使って表す。*el libro de María* マリアの本

mi goma	私の消しゴム1つ	*mis gomas*	私の消しゴム複数
su goma, sus gomas	彼の（あなたの・彼女らの・あなた方の等）消しゴム		

IV 形容詞 Adjetivos　→Unidad 5 III

	男性単数	女性単数	男性複数	女性複数	和訳
A	trabajador	trabajadora	trabajadores	trabajadoras	働き者の
B	famoso	famosa	famosos	famosas	有名な
	bonito	bonita	bonitos	bonitas	きれいな
	simpático	simpática	simpáticos	simpáticas	感じがよい
	bueno	buena	buenos	buenas	良い

14

	grande	grandes	大きい
	inteligente	inteligentes	聡明な
C	importante	importantes	重要な
	interesante	interesantes	興味深い
	joven	jóvenes	若い

- 形容詞は修飾している名詞の性と数によって, 男性形, 女性形, 単数形, 複数形など形を変える。男性形と女性形が同じ形の形容詞もある。 ABC グループ→**Unidad 2 III**
- 形容詞の前に *muy* をつけるとその意味を強調し「とても〜」になる。

形容詞の使い方

(1) 一般に名詞の後に置いて, 名詞を修飾する。 *
名詞の前には, 定冠詞や不定冠詞が置かれることが多い。
un palacio bonito きれいな宮殿 　　　*una profesora simpática* 感じの良い先生
unos libros importantes 重要な本数冊 　*unas estudiantes jóvenes* 数人の若い女子学生
el palacio bonito そのきれいな宮殿 　　*la profesora simpática* その感じの良い先生
los libros importantes それらの重要な本 　*las estudiantes jóvenes* それらの若い女子学生

(2) 動詞 ser とともに使われ, 主語の特徴などを述べる。 **
El palacio es bonito. その宮殿はきれいだ。
La profesora es muy simpática. その先生はとても感じがよい。
Estos libros son muy importantes. これらの本はとても重要だ。
Estas estudiantes son muy jóvenes. これらの女子学生はとても若い。
* 名詞の前に置かれる形容詞もある。　 **動詞 *estar* とともに使うこともできる。

V　存在・位置を表す *estar* Verbo estar (localización) 　→**Unidad 6 II**

yo	estoy	nosotros / nosotras	estamos
tú	estás	vosotros / vosotras	estáis
usted, él / ella	está	ustedes, ellos / ellas	están

- 動詞 *estar* は主語が「ある」「いる」という意味を表す。「どこに」の意味の表現を伴うことが多い。

位置を表す表現

方角: *en* と *a* の使い分けに注意
　en el sur / norte / este / oeste de... 〜の南/北/東/西部に
　　　Hokkaido está en el norte de Japón. 北海道は日本の北部にあります。
　al sur / norte / este / oeste de... 〜の南/北/東/西方に
　　　Hokkaido está al norte de Honshu. 北海道は本州の北の方にあります。
場所: 前置詞 *en* を伴う。固有名詞以外は一般に定冠詞等を伴う。
　en España スペインで, *en la universidad* 大学で

A: ¿Dónde está España?　B: Está en el oeste de Europa.
スペインはどこにありますか。ヨーロッパの西部にあります。
A: ¿Dónde está la universidad?　B: Está en Tokio.
大学はどこにありますか。東京にあります。
A: ¿Dónde está Miguel?　B: Está en la universidad.
ミゲルはどこにいますか。大学にいます。

Unidad 3. Mi universidad

1 必要な母音を書き加えて語を完成させなさい。必要なアクセント記号も書きなさい。
Añade las vocales necesarias y completa las palabras.

1. __ n __ v __ r s __ d __ d
2. __ s t __ c __ __ n
3. l __ p __ z
4. __ r d __ n __ d __ r
5. b __ b l __ __ t __ c __
6. m __ s __
7. d __ c c __ __ n __ r __ __
8. m __ v __ l
9. c __ m p __ s

2 名詞の性と数に注意して, 定冠詞と不定冠詞を加えて書きなさい。 **Fíjate en el género y número de estos sustantivos y añade el artículo determinado e indeterminado.**

例) libros → los libros, unos libros

1. mesas →

    _____, _____
2. móvil →

    _____, _____
3. ordenadores →

    _____, _____
4. universidad →

    _____, _____
5. diccionario→

    _____, _____
6. estaciones →

    _____, _____

3 例のように文を作りなさい。 **Forma frases como en el ejemplo.**

例) (yo) clases, interesante → Mis clases son interesantes.

1. (tú) profesora, simpático →_____
2. (él) campus, grande →_____
3. (ella) estudiantes, inteligente →_____
4. (ella) diccionario, bueno →_____
5. (tú) profesoras, joven →_____

4 どんな○○ですか？例のように答えなさい。 **¿Cómo son? Contesta como en el ejemplo.**

例) A: ¿Cómo es tu ciudad?   B: (famosa) Es una ciudad muy famosa.

1. A: ¿Cómo es la clase de español?
    B: (interesante) _____
2. A: ¿Cómo es la profesora de español?
    B: (inteligente) _____
3. A: ¿Cómo es el campus de tu universidad?
    B: (grande) _____
4. A: ¿Cómo es tu libro de español?
    B: (interesante) _____
5. A: ¿Cómo es tu universidad?
    B: (importante) _____

5 動詞 *ser* か *estar* を適切な形で入れて文を完成させなさい。 **Completa con la forma correcta de los verbos *ser* o *estar*.**

1. Mi universidad _____ muy famosa. _____ en Kioto.
2. Los estudiantes _____ en la biblioteca. _____ muy trabajadores.
3. Barcelona _____ una ciudad muy importante. _____ en España.
4. Madrid _____ la capital de España. _____ en el centro del país.
5. La biblioteca _____ en el edificio 11. _____ muy grande.
6. A: ¿Dónde _____ mi bolígrafo?   B: _____ en esa mesa.

16

Ejercicios

6 次の答えになるような質問を考えて書きなさい。**Escribe una pregunta adecuada para estas respuestas.**

1. P: ¿ _____? R: (Ana) Está en la biblioteca.
2. P: ¿ _____? R: (Carmen) Es muy trabajadora.
3. P: ¿ _____? R: (La profesora) Es española.
4. P: ¿ _____? R: No, (mi universidad) no está en Kioto. Está en Tokio.
5. P: ¿ _____? R: (Tokio) Es una ciudad muy moderna.
6. P: ¿ _____? R: (El campus) Es muy grande y bonito.
7. P: ¿ _____? R: (Mis profesores) Son muy simpáticos.
8. P: ¿ _____? R: Estamos en la cafetería del campus.
9. P: ¿ _____? R: (Tu bolígrafo) Está en la mesa de Rena.
10. P: ¿ _____? R: Sí, (la clase) es muy interesante.

7 *al, en, en el* を入れて文を完成させなさい。**Completa con *al*, *en* o *en el*.**

1. Japón está _____ Asia, _____ este de Corea.
2. Tokio está _____ centro de Japón.
3. Hokkaido está _____ norte de Honshu. Sapporo está _____ oeste de Hokkaido.
4. Kioto es una ciudad muy importante de Japón. Está _____ oeste de Tokio y _____ norte de Osaka.
5. _____ oeste de Honshu está Kyushu. Fukuoka está _____ norte de Kyushu.

8 語を並べ替えて文を作りなさい。大文字と小文字に気を付けましょう。**Ordena las palabras y forma frases. Pon las mayúsculas y los puntos necesarios.**

例) universidad en mi está Osaka en → Mi universidad está en Osaka
1. en estamos la biblioteca nosotros → _____
2. España está de Barcelona este en el → _____
3. Argentina es Buenos Aires de la capital → _____
4. ¿está goma mi dónde? → _____
5. universidad la Ana no y Carlos están en → _____

9 文を読んで,強勢が置かれる母音に下線を引きなさい。定冠詞,所有詞,前置詞は弱勢語なので,強勢は置かれません。文を一気に読むようにして発音練習しましょう。**Lee las siguientes frases y marca las vocales tónicas. Recuerda que los artículos determinados, los posesivos y las preposiciones son átonos. Practica la pronunciación sin hacer pausas dentro de las frases.**

例) Mi universidad es famosa. → Mi universidad es famosa.
1. La profesora es simpática.
2. Mis compañeros son inteligentes.
3. La biblioteca está en el edificio cinco.
4. Tokio es una ciudad moderna. Es la capital de Japón.
5. Luis es español. Es camarero. María también es española. Es médica.

Unidad 4. Estudio en la universidad de Salamanca

I 動詞の現在形 Verbos en presente

不定詞の語尾が *ar* で終わる動詞　hablar 話す

yo	habl**o**	nosotros / nosotras	habl**amos**
tú	habl**as**	vosotros / vosotras	habl**áis**
usted, él / ella	habl**a**	ustedes, ellos / ellas	habl**an**

語尾が *er* で終わる動詞　comer 食べる

como	comemos
comes	coméis
come	comen

語尾が ir で終わる動詞　vivir 住む

vivo	vivimos
vives	vivís
vive	viven

II 直接目的語を伴わない動詞: 自動詞 Verbos intransitivos

次のような動詞は, 直接目的語を伴わずに使うことができるので, 「主語」と「動詞」のみで文は成立しますが, 「どこで」「だれと」等の要素を加えることができます。

hablar	話す	comer	昼食を食べる
vivir	住む	estudiar	勉強する
leer	読書をする	trabajar	働く

「いつ」「どこで」「だれと」等を表す表現

どこで	en... (〜で)	en Salamanca en la universidad (特定の)大学で en un restaurante (ある)レストランで en casa 家で (*casa* は普通無冠詞)
	cerca de... (〜の近くで)	cerca de la universidad
誰と 何を使って	con...	con mi familia, con mis / los amigos
		con el ordenador, con el móvil
いつ	por...	por la mañana, por la tarde, por la noche
	a la (s) ...	a la una, a las cuatro y media

Vivo en España. 私はスペインに住んでいます。

Isabel y Juan hablan con sus amigos. イサベルとファンは彼らの友人と話します。

Mi padre trabaja en un restaurante. 私の父はレストランで働いています。

III 直接目的語を伴う動詞: 他動詞 Verbos transitivos

次のような動詞は, 直接目的語を伴う他動詞として使うことができます。他動詞として使われるときには必ず直接目的語を伴います。また「いつ」「どこで」「だれと」等を表す表現を伴うこともできます。

comer...	〜を食べる	leer...	〜を読む
estudiar...	〜を学習する	escribir...	〜を書く
tomar...	〜を飲む等 (英語の *take* にあたる動詞)		

Ellos comen paella en un restaurante. 彼らはレストランでパエリアを食べる。

Carlos lee el libro de geografía en la biblioteca. カルロスは図書館で地理の本を読む。

Tomo café con mis amigos en una cafetería. 私は友人とカフェテリアでコーヒーを飲む。

IV 疑問詞 Interrogativos →Unidad 2 V

主語, 目的語,「いつ」「どこで」等を表す要素はどれも, 疑問詞に置き換えることによって, 疑問文を作ることができます。

- 疑問詞には必ずアクセント記号がつく。
- 疑問詞のある疑問文では, 疑問詞は一般に文の最初に置かれる。前置詞がある場合は前置詞を伴って文頭に置かれる。
- 疑問詞の後は動詞

	Juan toma café	con María	por la mañana.
	主語　　　　直接目的語	誰と	いつ
主語	Juan →quién /quiénes 誰	動詞は 3 人称単数に活用。主語が複数であると想定されるときは 3 人称複数 *¿Quién toma café? ¿Quiénes toman café?* 誰がコーヒーを飲みますか。	
直接目的語	café →qué 何を	*¿Qué toma Juan?*　ファンは何を飲みますか。	
誰と	con María →con quién /quiénes	前置詞 *con* を伴う*¿Con quién toma café Juan?* ファンは誰とコーヒーを飲みますか。	
いつ	por la mañana → cuándo	*¿Cuándo toma café?*いつコーヒーを飲みますか。	

qué (何) と *cuál* (どれ)

- *Qué* は *qué lengua* 何語 *a qué hora* 何時に のように, 次に名詞を置くことができる。
- 「～は何ですか」と聞く場合, *qué* を使うと物の本質や語の定義等その意味を尋ねることになる。*¿Cuál es tu profesión / dirección?* (あなたの職業/住所は何ですか) のような文では *cuál* を使う。

V 時刻 Las horas

時刻は定冠詞 *la / las* に数字をつけて表します。端数は次のように表します。また午前午後は *de la mañana* 朝の, *de la tarde* 午後の, *de la noche* 夜の を加えます。

30 分以前は前の時刻に足す		30 分よりあとは次の時刻からマイナス	
15 分	y cuarto	45 分	menos cuarto
30 分	y media		
その他の数	y 数字 (+ minutos)	その他の数	menos 数字 (+ minutos)

¿Qué hora es?　何時ですか。

Es la una y media.　1 時 30 分です。　　　*Es la una menos veinte.*　12 時 40 分です。

Son las cuatro y cuarto. 4 時 15 分です。　　*Son las cinco y media.*　5 時 30 分です。

Son las ocho menos cuarto de la tarde.　午後 7 時 45 分です。

「～時～分に」は時刻に前置詞 a をつけて表します。「何時に～」の疑問文では *a qué hora* を使う。

A: ¿A qué hora comes? B: Como a las dos y media.

何時に昼食を食べますか。2 時 30 分に食べます。

A las cuatro de la tarde tomamos café. 午後 4 時にコーヒーを飲みましょう。

Unidad 4. Estudio en la universidad de Salamanca

1 文を読み，動詞を抜き出し，その不定詞 (*ar, er, ir* で終わる形) と主語を書きなさい。 **Lee las siguientes frases. Escribe los verbos y los sujetos.**

1. A: ¿Vives en Yokohama?   vives   vivir   tú
   B: No, vivo en Tokio.   _____   _____   _____
2. A: ¿Estudias en la biblioteca?   _____   _____   _____
   B: No, estudio en casa.   _____   _____   _____
3. A: ¿Habláis con los profesores en la clase?   _____   _____   _____
   B: Sí, hablamos con los profesores en español.   _____   _____   _____
4. A: ¿Usted vive cerca de la universidad?   _____   _____   _____
   B: No, vivo lejos de la universidad.   _____   _____   _____
5. A: ¿Los profesores comen en la universidad?   _____   _____   _____
   B: No, comen en un restaurante.   _____   _____   _____
6. A: ¿Estudiáis Historia?   _____   _____   _____
   B: No. Ana estudia Historia y yo estudio   _____   _____   _____
   Literatura.   _____   _____   _____

2 正しい形を選びなさい。 **Selecciona la forma correcta.**

1. Soy estudiante. Estudio/Estudias en la Universidad de Salamanca y vive/vivo en Salamanca. Mi casa está cerca de la universidad. Normalmente comemos/como con mi familia.
2. A: ¿Estudiáis/Estudio en la biblioteca?
   B: Mis amigos normalmente estudian/estudiamos en la biblioteca, pero yo estudio/estudiáis en casa.
3. A: ¿Ustedes vive/viven cerca de la universidad?
   B: El profesor Moyano vivo/vive cerca de la universidad, pero yo vivo/vives lejos.
4. A: ¿Vosotros coméis/comen en la universidad?
   B: No. Coméis/Comemos en un restaurante muy popular cerca de la universidad. ¿Y tú?
   A: Normalmente come/como en la universidad.
5. Marisa viven/vive en Barcelona y yo vivo/vivimos en Madrid. Nosotros somos/sois muy amigos y normalmente hablas/hablamos por teléfono.

3 問いの文の主語を書いてから否定で答え，自由に他の情報を加えなさい。 **Lee y escribe el sujeto de las preguntas. Luego, contesta negativamente las preguntas y añade información libremente.**

例) ¿Vives cerca de universidad? (tú)   → No. Vivo lejos de la universidad.
1. ¿Estudiáis en la cafetería? (_____)   → _____
2. ¿Comes con tu familia? (_____)   → _____
3. ¿Vivís en Salamanca? (_____)   → _____
4. ¿Coméis con los profesores? (_____)   → _____
5. ¿Habláis en la biblioteca? (_____)   → _____
6. ¿Come usted en el hotel? (_____)   → _____

4 動詞の足りない部分を書きなさい。 **Completa los verbos.**

例) Yo habl_ español con los amigos → Yo hablo español con los amigos.
1. María y yo com_____ en un restaurante cerca de la universidad.
2. A: ¿Estudi_____ español en la universidad?
   B: Sí. Yusuke estudi_____ con el profesor Juan y yo estudi_____ con la profesora María.

3. Mis amigos y yo tom____ café en una cafetería y habl____ mucho.
4. A: ¿Usted estudi____ Economía?
   B: Sí. También estudi____ Matemáticas.
5. Daisuke y yo estudi____ en la universidad y trabaj____. Daisuke trabaj____ en una cafetería y yo trabaj____ en la biblioteca de la universidad.
6. A: Yo escrib____ mensajes con el móvil. ¿Y tú?
   B: Sí. También escrib____ mensajes con el ordenador.
7. Los estudiantes de esta universidad habl____ español muy bien.
8. A: Por la noche yo le____ libros en casa.
   B: Yo no. Por la noche yo escrib____ mensajes con el móvil.
9. Los estudiantes españoles normalmente com____ en casa, pero los estudiantes japoneses com____ en la universidad.
10. A: Los españoles tom____ café por la mañana. ¿Y los japoneses?
    B: Los japoneses tom____ café o té.

5 正しい方を選んで答えなさい。 **Contesta las preguntas. Elige la opción correcta para la respuesta.**
例) ¿Qué tomas por la mañana? (café / con mis amigos) → Por la mañana tomo café.
1. ¿Cuándo estudias en la biblioteca? (por la mañana / con mis amigos)
   → _____
2. ¿Con quién comes en la universidad? (paella / con mis amigas)
   → _____
3. ¿Qué lenguas estudias? (Economía y Matemáticas / español e inglés)
   → _____
4. ¿Qué escribes en la cafetería? (mensajes con el móvil / café)
   → _____
5. ¿Quién estudia en la biblioteca? (español / nosotros)
   → _____

6 例のように時刻を書きなさい。 **Escribe las horas.**
例) 10: 30 AM   Son las diez y media de la mañana.
1. 8: 15 AM   _____
2. 12: 10 PM   _____
3. 10: 55 PM   _____
4. 1: 30 PM   _____
5. 7: 35 AM   _____

7 前置詞 (a, por, en, con, de)を入れて文を完成させなさい。 **Completa con las preposiciones a, por, en, con o de.**
1. Estudio ____ la universidad ____ la mañana y ____ la tarde trabajo ____ un restaurante.
2. A: ¿Dónde comes normalmente? B: ____ mi casa ____ mi familia.
3. Nosotros somos estudiantes ____ la Universidad ____ Granada. Granada está ____ el sur ____ España.
4. A: ¿ ____ qué hora comes? B: Normalmente como ____ las dos y media.

21

Unidad 5. La familia

I 指示詞 Demostrativos　→Unidad 2 VI Unidad 3 II

男性単数	女性単数	男性複数	女性複数	中性	和訳
este	esta	estos	estas	esto	これ/これら・この/これらの
ese	esa	esos	esas	eso	それ/それら・その/それらの
aquel	aquella	aquellos	aquellas	aquello	あれ/あれら・あの/あれらの

- 一般に自分に近いものを指すとき *este*, 相手に近いものを指すとき *ese*, どちらからも遠いものを指すとき *aquel* を使う。
- 指示詞は名詞の前で「この」の意味で使ったり, 指示している名詞が何であるか明らかな時は名詞を省略し「これ」の意味で使ったりすることができる。
- スペイン語には中性名詞はないので, 指示詞中性形は名詞の前に置かれることはない。

Esta llave es de Yuki. この鍵は由紀のものです。
Estas llaves son de Yuki. これらの鍵は由紀のものです。
Estas son de Yuki. これらは由紀のものです。

II 所有詞 Adjetivos posesivos　→Unidad 3 III

男性単数	女性単数	男性複数	女性複数	和訳
mi		mis		私の
tu		tus		君の
su		sus		彼の・彼女の・あなたの・その
nuestro	nuestra	nuestros	nuestras	私たちの
vuestro	vuestra	vuestros	vuestras	君たちの
su		sus		彼らの・彼女らの・あなた方の・それらの

- 所有詞は名詞の前に置かれる弱勢語。
- 所有詞 *nuestro*, *vuestro* は次に置かれる名詞の性と数に一致する。*nuestro libro* は *libro* が男性単数なので男性単数形, *nuestras llaves* は女性名詞の *llave* が複数あるので女性複数形。

Mi mujer Ana y yo vivimos en Tokio. Nuestra casa es pequeña.
妻のアナと私は東京に住んでいます。私たちの家は小さいです。
Tenemos clase de español. Nuestros profesores son muy simpáticos.
私たちはスペイン語のクラスをとっています。私たちの先生はとても感じがよいです。
Tengo dos ordenadores. Mis ordenadores son muy buenos.
私はコンピュータを 2 つ持っています。私のコンピュータはとても良いものです。

III 形容詞 Adjetivos　→Unidad 3 IV

形容詞は次のような表現を伴い, その程度を表すことができます。どれも副詞ですので, 性や数によって形は変わりません。

muy	とても	bastante	かなり
un poco	少し (ネガティブな意味の形容詞)	no / muy	あまり～でない

Esta casa es un poco fea. この家は少し醜い。

IV 動詞 *tener* Verbo tener

動詞 tener は基本的には「持っている」という意味で英語の *have* にあたる動詞ですが, 様々な意味で使うことができます。

yo	tengo	nosotros / nosotras	tenemos
tú	tienes	vosotros / vosotras	tenéis
usted, él / ella	tiene	ustedes, ellos / ellas	tienen

動詞 tener の使い方

1. 物を所有している		
Tengo ordenador.	無冠詞	私はコンピュータを持っている。（だからそれを使って仕事ができる等の意味)
Tengo ordenadores.		私はコンピュータを複数持っている。
Tengo un ordenador.	不定冠詞	私はコンピュータを1台持っている。
Tengo unos ordenadores.		私はコンピュータを数台持っている。
Tengo el ordenador.	定冠詞	私はそのコンピュータを持っている。
Tengo los ordenadores.		私はそれらのコンピュータを持っている。
2. 人間関係	
¿Tienes hermanos? *No, no tengo hermanos.*	兄弟はいますか。いいえ，いません。 （複数形で質問。いなくても答えは複数形)
¿Tienes novio? *No, no tengo novio.*	恋人はいますか。いいえ，いません。 （単数形で質問。答えは単数形)
3. 行事活動等	
Hoy no tengo clase.	今日は授業がない。
Hoy tengo una clase interesante.	今日は面白い授業がある。 （形容詞を伴うと, 不定冠詞がつく)
4. 依頼	
¿Tienes un bolígrafo?	ボールペンを持っていますか？（貸して下さい)
5. 容姿を述べる	
María tiene el pelo rubio.	マリアは金髪です。 （形容詞は *el pelo* に一致するので男性単数)
María tiene los ojos muy bonitos.	マリアはとてもきれいな目をしている。 （形容詞は *los ojos* に一致するので男性複数)

Unidad 5. La familia

1 与えられた指示詞と語彙を使って文を作りなさい。 **Escribe frases como en el ejemplo.**

例) este, ser bueno, ese, no ser bueno
libros → Estos libros son buenos, pero esos no son buenos.

1. este, ser bonito, ese, ser feo
casas → _____

2. este, estudiar inglés, aquel, estudiar español
estudiantes → _____

3. este, ser bueno, ese, no ser bueno
móvil→ _____

4. ese, estar cerca, aquel, estar lejos
cafetería → _____

5. aquel, ser pequeño, ese, ser grande
goma → _____

2 与えられた語を使って文を作りなさい。語を付け加える必要があります。 **Forma frases como en el ejemplo.**

例) Esa, universidad, Yuki → Esa es la universidad de Yuki.

1. Esa, familia, Marina
→ _____

2. Aquella, casa, Alberto → _____

3. Ese, coche, Sofía y Marcos → _____

4. Este, diccionario, Yohei → _____

3 下線部の語を指示された語に置き換え全文を書き換えなさい。 **Cambia el sustantivo subrayado como está indicado y reescribe la frase.**

例) Mi libro es grande. → (libros) Mis libros son grandes.

1. Nuestro padre tiene 48 años. → (madre) _____

2. Vuestros profesores son españoles. → (profesora) _____

3. ¿Tu clase es interesante? → (clases) _____

4. Su amiga es inteligente. →(amigos)
_____

4 動詞 *tener* の適切な形を入れて文を完成させなさい。また, 動詞 ser と所有詞を使って文を書き換えなさい。 **Completa las frases con la forma correcta del verbo *tener* y escríbelas de nuevo usando el verbo *ser* y un adjetivo posesivo.**

例) Yo tengo un profesor muy bueno. → Mi profesor es muy bueno.

1. Nosotros _____ una clase muy interesante.
→ _____

2. Mi madre _____ unos amigos argentinos.
→ _____

3. Vosotros _____ una profesora peruana.
→ _____

4. Mis abuelos _____ un coche muy pequeño.
→ _____

5. Tú _____ unos ojos muy bonitos.
→ _____

5 正しい形容詞を選んで人を描写する文を書きなさい。 **Elige el adjetivo adecuado y describe a estas personas.**

例) Mika es jugadora de baloncesto. Es muy alta.

- joven
- inteligente
- mayor
- simpático
- gordo
- guapo

1. Kaoru y Yuka hablan cinco idiomas. _____
2. Mi abuela tiene 85 años. _____
3. Mis amigas son modelos. _____
4. Mis primos comen mucho y no hacen deporte. _____
5. Mi profesor tiene 25 años. _____
6. Este camarero habla mucho con nosotros. _____

6 質問を書き, 反対の意味を表す形容詞を使って否定で答えなさい。 **Escribe la pregunta y contesta en negativo usando el adjetivo contrario.**

例) Interesante / los libros → A: ¿Son interesantes los libros?   B: No. Son aburridos.

1. serio / tu profesor → _____
2. joven / tus padres → _____
3. bonito / su casa → _____
4. gordo / tus hijas → _____
5. pequeño / tu universidad → _____

7 数字をアルファベットで書きなさい。 **Escribe con letras.**

例) 21 años → Veintiún años

1. 51 tabletas → _____
2. 75 libros → _____
3. 31 móviles → _____
4. 96 universidades → _____
5. 61 sillas → _____

8 下線部に所有詞を書き, 括弧内に適切な動詞の形を選んで入れて文章を完成させなさい。 **Completa el siguiente texto con el posesivo adecuado y elige el verbo correcto de las opciones de abajo.**

> Esta (1   ) _____ familia. Aquí (2   ) en el restaurante de _____ tía. Esos (3   ) _____ padres. (4   ) 56 años. _____ madre (5   ) médica y _____ padre enfermero. (6   ) en un hospital muy grande en Madrid. Esos (7   ) _____ hermanos. _____ hermano mayor (8   ) Pablo y _____ hermana menor Isabel. Pablo (9   ) en una cafetería, es camarero. Isabel (10   ) en el instituto.

(1) a. son	b. están	c. es	(2) a. estamos	b. somos	c. tenemos
(3) a. tienen	b. son	c. están	(4) a. tienen	b. son	c. están
(5) a. son	b. es	c. soy	(6) a. Tienen	b. Trabajan	c. Son
(7) a. tengo	b. están	c. son	(8) a. se llaman	b. se llama	c. soy
(9) a. estudia	b. trabaja	c. es	(10) a. estudia	b. trabaja	c. es

Unidad 6. En vacaciones voy a ir a Barcelona

I 動詞 *hay* の用法　Verbo *hay*

　動詞 hay は不特定な人や物が「ある」「いる」ことを表します。その数や量を表す語を伴います。文に主語がないため, 現在形ではいつも hay の形で使われます。場所を表す表現を伴って使われることがよくあります。

　　②En Madrid　**hay**　①tres **museos** muy famosos
　　②場所を表す表現　①数量を表す語

① 数量を表す語

　　名詞の前に置かれるのは数量を表す語です。定冠詞 (*el, la*...), 所有詞 (*mi, tu, su*...), 指示詞 (*este*...) のような語は, 特定の物や人を指すので使えません。また固有名詞や, 主語になる人称代名詞も使えません。

un / una (+ 名詞)	*Hay un libro.* 本が 1 冊ある。　*Hay una universidad.* 大学が 1 つある。
	「1 つ」「1 人」といった数を表す。指示している名詞を省略する場合は *Hay uno. / Hay una.* (1 つある) のようになる。複数形 *unos, unas* は「いくつかの」の意味。
dos, tres, cuatro...	*Hay dos libros.* 本が 2 冊ある。*Hay veintiuna universidades.* 大学が 21 ある。
	物の数や人の数を表す。指示している名詞が何かわかっている場合は省略可。*Hay dos.* (2 冊ある) 31...のように 1 桁目の数が 1 の場合は *un, una* になる。
mucho, mucha muchos, muchas	*Hay mucha agua.* 水がたくさんある。
	名詞の単数で表されるものの量が多いことを述べる場合 *mucho / mucha* を使う。名詞が複数で数が多いことを述べる場合 *muchos / muchas* を使う。指示している名詞が何かわかっている場合は省略可。*Hay muchos.* たくさんある。
poco, poca, pocos, pocas	*Hay pocas escuelas.* 学校の数が少ない。
	mucho 同様に使われて, 量や数が少ない (期待しているよりも少ない, 足りない) ことを表す。名詞は省略可。*
無冠詞	*Hay estudiantes.* 学生がいる。　*No hay agua.* 水がない。
	複数名詞で, その具体的な数を言わない場合や, 量を表す単数名詞でその量が多いか少ないかを言わない場合無冠詞で使われる。

* 足りないニュアンスではなく, 単に量が少ないことを表すためには *un poco de*, 数が少ないことを表すためには, *unos pocos, unas pocas* が使われる

② 場所を表す表現　　　→Unidad 10 IV

en... (〜で)	*en Salamanca, en la ciudad* その都市に
aquí (ここ)	*por* をつけて *por aquí* にすると [このあたりに]
cerca... (〜の近く)	*cerca de la estación* 駅の近く

II 存在・位置を表す estar　Verbo estar (localización)　　→ Unidad 3 V

　estar を使って「〜がある」「〜がいる」と言う場合, *hay* と異なり存在している物, 人は, その文の主語になります。スペイン語の文の主語は, 固有名詞以外は一般に, 定冠詞, 所有詞, 指示詞を伴った名詞になります。

III 動詞 *ir* Verbo *ir*

動詞 *ir* は基本的には「行く」という意味です。多くの場合前置詞 a を伴った「どこへ」にあたる表現を伴って使われます。

yo	voy	nosotros / nosotras	vamos
tú	vas	vosotros / vosotras	vais
usted, él / ella	va	ustedes, ellos / ellas	van

Voy a China. 私は中国に行く。

IV 他の動詞の不定詞を伴って使われる表現　Verbo + infinitivo　→Unidad 7 IV

次の表現は, 後に他の動詞の不定詞 (*ar, er, ir* で終わる形) を伴って使われます。

querer	～したい	*Queremos ver la Sagrada Familia.* 私たちは聖家族教会に行きたい。
tener que	～しなければならない	*Tengo que ir a la universidad.* 私は大学に行かなければいけない。
ir a	～するつもりだ	*Voy a visitar el Museo del Prado.* 私はプラド美術館に行くつもりだ。

V 語根母音変化活用 e>ie　Verbos de cambio vocálico e>ie

不規則に活用する動詞の中には, 語根の最後の母音 (不定詞の母音を後ろから数えて 2 番目の母音) が *e* の動詞で, *nosotros, vosotros* を除くすべての人称で, *e* が *ie* になる動詞があります。語根の最後の母音が *e* になる動詞すべてがその活用をするわけではないので, e>ie の動詞は確認しながら覚えていく必要があります。

querer			
yo	qu**ie**ro	nosotros / nosotras	queremos
tú	qu**ie**res	vosotros / vosotras	queréis
usted, él / ella	qu**ie**re	ustedes, ellos / ellas	qu**ie**ren

preferir より好む	
pref**ie**ro	preferimos
pref**ie**res	preferís
pref**ie**re	pref**ie**ren

empezar 始める	
emp**ie**zo	empezamos
emp**ie**zas	empezáis
emp**ie**za	emp**ie**zan

cerrar 閉める	
c**ie**rro	cerramos
c**ie**rras	cerráis
c**ie**rra	c**ie**rran

VI 時を表す表現　Marcadores temporales　→Unidad 10 IV

月	前置詞 en を伴う	*en diciembre* 12 月に
季節	前置詞 en を伴う	*en primavera* 春に, *en verano* 夏に
日付	冠詞 el を伴う	*el siete de marzo* 3 月 7 日に, *el uno de abril* 4 月 1 日に

VII 理由と目的 causa y finalidad

理由を表すときは porque を使います。porque の後ろは「文」が置かれます。

Voy a estudiar español porque quiero ir a Perú. 私はペルーに行きたいのでスペイン語を勉強する。

目的を表すときは para を使います。para の後ろは動詞の不定詞が置かれます。

Quiero ir a Perú para estudiar español. 私はスペイン語を勉強するためにペルーに行きたい。

Unidad 6. En vacaciones voy a ir a Barcelona

1 動詞 *hay* を使って文を書きなさい。 **Escribe frases con el verbo *hay*.**

例) muchos parques, en Madrid→ Hay muchos parques en Madrid.
1. un libro, en la mesa →_____
2. dos supermercados, por aquí →_____
3. en esta ciudad, pocos turistas →_____
4. dos hoteles, cerca de la playa →_____
5. cerca de mi casa, una cafetería →_____

2 動詞 *estar* を使って文を書きなさい。 **Escribe frases con el verbo *estar*.**

例) El parque del Retiro, en Madrid→ El Parque del Retiro está en Madrid.
1. mi libro, en la mesa →_____
2. el supermercado "Bueno", allí →_____
3. esos hoteles, cerca de la playa →_____
4. mis padres, España →_____
5. José, en casa →_____

3 *hay, está, están* のいずれかを入れて文を完成させなさい。 **Completa con *hay, está o están*.**
1. A: ¿_____ una cafetería por aquí? B: Sí, _____ tres o cuatro.
2. A: ¿Dónde _____ tus padres? B: Mi madre _____ en Barcelona y mi padre en casa.
3. A: _____ pocos estudiantes, ¿no? B: Claro, hoy no _____ clase.
4. A: El Museo del Prado _____ en Madrid. B: Y, ¿qué _____ en ese museo?
5. A: ¿Dónde _____ playas bonitas en Japón?
   B: En Okinawa _____ muchas. Mai y Mei _____ allí ahora.

4 指示された主語, 「月」, 動詞 *ir* を使って文を書きなさい。 目的地は自由に考えなさい。
Fíjate en el sujeto y en el mes del año y escribe frases con el verbo *ir*.

例) mis amigos / 1 → Mis amigos van a Okinawa en enero.
1. María y tú / 6 → _____
2. nosotros / 8 → _____
3. yo / 10 → _____
4. tú / 12 → _____
5. ustedes / 4 → _____

5 文を読んで何をするかについて文を書きなさい。 **Lee y escribe qué van a hacer.**

例) La próxima semana tenemos un examen. El sábado vamos a estudiar mucho.
- escuchar música   • desayunar   • trabajar mucho
- navegar por internet   • hablar mucho
1. Yusuke quiere viajar a España y necesita dinero. Este mes _____
2. Kaori está en casa. Son las siete de la mañana. A las siete y media _____
3. En el bar hay un chico muy guapo. Laura y él _____
4. Nosotros necesitamos información de España. En la biblioteca _____
5. El profesor tiene un CD de flamenco. En esta clase nosotros _____

6 必要な母音とアクセント記号を加えて動詞 *ir, querer, tener, estar* の活用を完成させなさい。 **Completa los verbos *ir, querer, tener, estar* con las vocales necesarias.**

1. (ellos) qu__r__n
2. (tú) qu__r__s
3. (vosotros) t__n__s
4. (nosotros) v__m__s
5. (yo) t__ng__
6. (nosotros) qu__r__m__s
7. (ustedes) v__ n
8. (María y Ana) __st__n
9. (vosotros) __st__s

7 正しい方を選びなさい。 **Selecciona la forma correcta.**

1. Somos estudiantes de español. En verano <u>tenemos / vamos</u> a ir a España. En Madrid, <u>tenemos / queremos</u> ver un partido de fútbol. <u>Tenemos / Queremos</u> que comprar las entradas.
2. El fin de semana <u>tengo / quiero</u> que estudiar mucho porque el lunes <u>hay / tiene</u> un examen.
3. A: ¿Qué quieres <u>hacer / haces</u> en verano?
   B: Yo <u>ir / voy</u> a la playa para <u>nadar / nado</u> en el mar.
4. A: ¿Dónde <u>está / hay</u> Acapulco?
   B: En México. <u>Están / Hay</u> unas playas muy bonitas.
5. A: Para <u>ver / ves</u> templos históricos, <u>tienes / vas</u> que ir a Kioto. <u>Hay / Están</u> muchos templos.
   B: <u>Quiero / Voy</u> a ir en agosto.

8 適切な質問を書きなさい。質問文には必ず動詞を含めなさい。 **Escribe una pregunta adecuada para estas respuestas. No olvides incluir un verbo en cada pregunta.**

1. P: ¿ _____ ? R: Voy a ir a Perú.
2. P: ¿ _____ ? R: En verano.
3. P: ¿ _____ ? R: Vamos a estar dos semanas.
4. P: ¿ _____ ? R: Vamos a visitar dos ciudades.
5. P: ¿ _____ ? R: De Lima a Cuzco vamos a ir en autobús.

9 下から選んで文章を完成させなさい。 **Completa el siguiente texto con una de las opciones de abajo.**

Hola, me llamo Carlos. (1   ) verano voy (2   ) ir a Japón (3   ) avión. Voy a ir (4   ) mis compañeros de clase. Primero vamos a (5   ) Tokio y después (6   ) ir a Kioto en tren (7   ) ver muchos templos históricos. Kioto (8   ) muy cerca de Osaka. En Osaka (9   ) ir a Universal Studios Japan, un parque de atracciones muy famoso. (10   ) reservar las entradas en Internet. En Japón (11   ) comer mucho sushi y (12   ) que comprar un móvil para mi hermana.

(1) a. El   b. En   c. A
(2) a. a   b. en   c. para
(3) a. en   b. con   c. por
(4) a. por   b. con   c. de
(5) a. ir   b. estar   c. visitar
(6) a. Vamos   b. queremos   c. estamos
(7) a. por   b. para   c. a
(8) a. hay   b. está   c. es
(9) a. tenemos   b. vamos   c. queremos
(10) a. tenemos   b. vamos   c. queremos
(11) a. quiero   b. tengo   c. voy
(12) a. voy   b. quiero   c. tengo

29

Unidad 7. Me gusta mucho la música pop. ¿Y a ti?

Ⅰ 前置詞を伴う人称代名詞 Pronombres con preposición

前置詞の後に置かれる人称代名詞は mí, ti 以外は主語になる人称代名詞と同じ形です。

mí	私	nosotros / nosotras	私たち
ti	君	vosotros / vosotras	君たち
usted, él / ella	あなた, 彼/ 彼女	ustedes, ellos / ellas	あなた方, 彼ら/彼女ら

- 所有詞の *mi* と区別するために *mí* にアクセント記号が付く。
- 他に同じ語がないので ti にはアクセント記号はつかない。
- 「私と一緒」は *conmigo*, 「君と一緒は」*contigo*

Ⅱ 動詞 *gustar* の用法　Verbo *gustar* (Usos)

　動詞 *gustar* は, 「〜は〜が好きです」という意味ですが, 好きなものが主語で, それを好きだと思っている人は間接目的語で表します。

Ⓓ A María　Ⓒ le　　Ⓑ gusta　Ⓔ mucho　Ⓐ la música.

Ⓐ	主語 →好きなもの/こと	・スペイン語の文の主語は, 固有名詞 (*María, Madrid*) , 主語になる人称代名詞 (*yo, tú*...) 以外は, 普通定冠詞 (*el, la*...) , 所有詞 (*mi, tu*...) , 指示詞 (*este, ese*...) 等が付く。また動詞の不定詞も主語になることができる。*el fútbol, los animales, mi casa, este libro, esos libros, escuchar música* 等が主語になる。 ・疑問詞は *qué* を使う。*¿Qué te gusta?* 君は何が好きですか。
Ⓑ	動詞	・普通は主語の「好きなもの」が単数なら *gusta*, 複数なら *gustan* の形が使われる。 ・*gusto* 等その他の人称は, 「私のことが好き」のような文で使うことができる。 ・主語が動詞の不定詞の場合は, *estudiar y trabajar* のように 2 つあっても *gusta* を使う。
Ⓒ	間接目的 人称代名詞 →誰が好きだと思っているか	・*me, te, le, nos, os, les* ・「誰が好きだと思っているか」を表すが, *gustar* の文では必ず代名詞をつけるようにする。 ・3 人称 *le, les* は好きだと思っている人が男性でも女性でも同じ形 *Me gusta la música.* 私は音楽が好きです。*Le gustan estos libros.* 彼は本が好きです。　*Les gusta estudiar y trabajar.* 彼らは勉強と仕事することが好きです。
Ⓓ	間接目的語	・間接目的人称代名詞 *le* や *les* では具体的に誰がそのものを好きだと思っているかは表されない。具体的な人は前置詞 *a* を伴って表すことができる。*A Juan, a María y a Juan* ・*a* + 人を使っても, 人称代名詞は残す。*A Juan le gusta el fútbol.* ファンはサッカーが好き。私 (*a mi*) 君 (*a ti*) 他の 1 人称, 2 人称の場合も意味をはっきりさせたり,強調したりするために使われる。 *A mí me gusta la música pop.* 私はポップが好きです。 ・疑問詞は *a quién* を使う。*¿A quién le gustan los animales?* 動物が好きなのは誰ですか。
Ⓔ	程度を表す 副詞	・*mucho* (とても好き) , *no / mucho* (あまり好きでない) *más* (もっと好き) のような語を加えることができる。 *A mí me gusta mucho la música pop.* 私はポップが大好きです。

gustar を使った文の語順
1. 間接目的人称代名詞は動詞の直前。　*Me gusta.*
2. 否定辞の *no* は間接目的人称代名詞の前。*No me gusta.*
3. 程度を表す語は, 一般に動詞のすぐ後。*No me gusta mucho.*
4. 主語と間接目的語「*a+*人」は適宜その他の位置 (動詞の前後いずれも可) に置かれる。
主語は動詞の後に置かれることが多い。*No me gusta mucho el fútbol. ¿A ti no te gusta el fútbol?*

好みの一致と不一致
A: *Me gusta la música.*
　　　B: *A mí también.* 私も好きです。*(A mí también me gusta la música.)*
　　　B: *A mí no.* 私は嫌いです。　*(A mí no me gusta la música.)*
A: *No me gusta la música.*
　　　B: *A mí tampoco.* 私も嫌いです*(A mí tampoco me gusta la música.)*
　　　B: *A mí sí.* 私は好きです。*(A mí sí me gusta la música.)*

III *Gustar* と同じような使い方をする動詞 encantar, interesar　Verbos encantar, interesar
次のような動詞は *gustar* と同じように使われます。
* *encantar* は「大好きです」という意味。*mucho* などの程度を表す副詞はつけない。
A: *¿Te gusta? B: Sí, me encanta.* 気に入った？ええすごく好き。
* *interesar* は「興味を持たせる」という意味で, 興味を持つ事柄が主語, 興味を持った人が間接目的語。　*Me interesan las lenguas extranjeras.*　私は外国語に興味がある。

IV 他の動詞の不定詞を伴って使われる表現　verbo + infinitivo　→Unidad 6 IV
次の表現は, 次に他の動詞の不定詞 (ar, er, ir で終わる形) を伴って使われます。

preferir	～することをより好む	*Prefiero ir al museo.* 博物館に行く方がいい。
poder	～することができる	*No puedo salir esta noche.* 今夜出かけられない。

V　頻度表現　　Expresiones de frecuencia
siempre, a menudo のような頻度表現は, 行動がどのような頻度で行われるかを表す表現で文中の様々な位置に置いて使うことができます。

todo を使った表現	*todo+*定冠詞+ (日, 朝, 夜などの意味の) 名詞 *todos los días* 毎日 (Cf. *todo el día* 一日中) *todas las mañanas*　毎朝 *todos los jueves*　毎木曜日
曜日を使った表現	el + 曜日は文脈からわかる特定のその曜日を指す El jueves voy a Kioto. 毎週木曜日は京都に行く。
	los + 曜日複数形は, 毎～曜日の意味で「*todos los +*曜日」と同じ *sábados, domingos* は s が付くが, その他は単複同型 *Los jueves tengo clase de español.* 木曜日はスペイン語の授業がある。
nunca	*nunca*「決して～ない」の意味。動詞の前に置かれると否定辞 *no* は不要。動詞の後に置かれると動詞の前に *no* が付く。 *Nunca hago deporte. = No hago nunca deporte.* スポーツは全然しない。

Unidad 7. Me gusta mucho la música pop. ¿Y a ti?

1 適切な人称代名詞を入れて文を完成させなさい。**Completa con el pronombre adecuado.**

1. A: Este regalo es para _____. B: ¿Para _____? Muchas gracias.
2. A: ¿Quieres ir a la fiesta _____? B: ¡Sí! Voy contigo.
3. A: ¿Este chocolate es para mí? B: No, no es para _____. Es para tu hermano.
4. A: ¿Quieres cenar con nosotras el sábado? B: ¡Sí! Voy a cenar con _____.
5. A: ¿De quién habláis? B: De _____. A: ¿De mí? ¿Por qué?

2 動詞 *gustar* を適切な形で入れなさい。**Completa con la forma correcta del verbo *gustar*.**

1. A: A mí me _____ mucho los deportes. ¿Y a ti?
   B: A mí solo me _____ el fútbol.
2. A: ¿Qué os_____ hacer los fines de semana?
   B: Nos _____ mucho ir al cine.
3. A: ¿Te _____ las películas de animación?
   B: No, no me _____ mucho.
4. A: A mis amigos no les _____ mucho el profesor.
   B: ¿Y a ti? ¿Te _____?
5. A: ¿A quién le _____ leer?
   B: A mí. Me _____ mucho los libros.

3 必要な場合, 間接目的人称代名詞を入れて文を完成させなさい。**Completa con el pronombre de objeto indirecto si es necesario.**

1. A mi novio ___ gustan mucho las películas de terror, pero yo ____ prefiero las películas de acción.
2. A: ¿___ gusta el pop? B: A mí sí ___ gusta. C: A mí no. ____ prefiero el rock.
3. A mis padres ____ encanta el vino, pero a mí no ___ gusta nada y a mi hermana tampoco ___ gusta.
4. A: Siempre ___ lees el periódico, ¿___ interesa la política?
   B: No, ___ interesan más los deportes.
5. A: ¿A ustedes ___ interesa el manga japonés?
   B: Sí, pero ____ gustan más los videojuegos.

4 語を並べ替えて文を作りなさい。**Ordena las palabras y forma frases.**

例) mí me música gusta a la → *A mí me gusta la música.*

1. guitarra Juan tocar gusta a le la → _____
2. deportes gustan mucho nos los → _____
3. ¿ ? qué deporte gusta os → _____
4. ¿ ? quién gusta escuchar música a le → _____
5. ir cine más gusta me al → _____

5 問いに答えなさい。**Contesta las preguntas.**

例)¿Qué música te gusta? → (el pop) *Me gusta el pop.*

1. ¿Qué te gusta hacer los sábados? (ir de compras)
   → _____

2. ¿Te gustan los deportes? (mucho)
   → _____

3. ¿Qué vas a hacer el domingo? (cenar con mis amigos)
   → _____

4. ¿Por qué estudias español? (quiero ir a México)
   → _____

5. ¿Qué prefieres: ir al cine o ir a un museo? (museo)
   → _____

6 必要な母音とアクセント記号を加えて不規則動詞を完成させなさい。**Completa estos verbos con las vocales necesarias.**

1. (yo) pr__f__r__
2. (tú) p__d__s
3. (nosotros) t__n__m__s
4. (Laura y yo) p__d__m__s
5. (mi amiga) pr__f__r__
6. (Ana y tú) qu__r__s
7. (nosotros) j__g__m__s
8. (usted) qu__r__
9. (yo) p__d__
10. (usted) j__g__
11. (yo) t__ng__
12. (Luis y Pedro) v__n

7 答えに合うような質問を書きなさい。この課に出てきた語彙を使ってください。動詞を含んだ文にしなさい。**Escribe una pregunta adecuada para estas respuestas. Usa el vocabulario de la unidad. No olvides incluir un verbo en cada pregunta.**

1. P: El lunes hay un concierto. ¿ _____? R: Lo siento, pero no puedo.
2. P: ¿ _____? R: A mí sí. Es mi banda favorita. R: A mí no.
3. P: ¿ _____? R: Sí, me encanta. Juego mucho a videojuegos.
4. P: ¿ _____? R: El domingo vamos a ir de compras.
5. P: ¿ _____? R: ¿Al cine? Prefiero ir al museo.

8 主語に注目して, 次の事柄を行う頻度を述べる文を自由に書きなさい。**Fíjate en el sujeto y escribe con qué frecuencia hacen las siguientes actividades.**

例) mis amigos / leer → *Mis amigos leen todos los días.*

1. vosotros / ir de compras → _____
2. nosotros / hacer deporte → _____
3. yo / ver la televisión → _____
4. tú / jugar a videojuegos → _____
5. ellos / leer → _____

9 適切な動詞を選び文を完成させなさい。**Elige el verbo adecuado.**

1. El viernes (queremos / preferimos / vamos) a cenar en un restaurante peruano.
2. El domingo (voy / quiero / tengo) ir a un concierto de rock con mis amigos.
3. El sábado no (puedo / voy / quiero) salir, (tengo / puedo / tengo) que estar con mi abuela.
4. Mi madre (quiero / prefiero / quiere) ir al cine el jueves, pero yo (prefiere / quiere / prefiero) ir de compras.
5. El miércoles (tengo / quiero / puedo) un examen. (Tengo / Quiero / Puedo) que estudiar.

Unidad 8. De compras

I 不規則活用をする動詞 Verbos irregulares
現在形で不規則活用をする動詞には次のような語があります。

conocer	
conozco	conocemos
conoces	conocéis
conoce	conocen

costar	
cuesta	cuestan

cerrar	
cierro	cerramos
cierras	cerráis
cierra	cierran

- *conocer* は 1 人称単数の *conozco* のみが不規則。このような動詞は他にも多くあるので, 1 人称単数の形のみ意識して覚えるようにする。
- *conocer* は「知っている」という意味で, 人が直接目的語の時には *a* が必要。*Miguel conoce a María.* ミゲルはマリアを知っている。場所が目的語の時には *a* は付かない。多くの場合「行ったことがある」の意味。
- *costar* は *poder* のように *o* が *ue* になる活用をするが,「値段が〜である」という意味で 3 人称のみ使われる。主語になる物が複数なら *cuestan*

II 直接目的人称代名詞 Pronombres de objeto directo
　動詞は大きく分けて, つなぎ動詞, 自動詞, 他動詞があります。つなぎ動詞は *ser* や *estar*, 自動詞は直接目的語を伴わない動詞 (例えば *Vivo en España.* 私はスペインに住んでいる, の文での *vivir* や食事をするという意味で使われる *comer* , 他動詞は直接目的語を伴う動詞 (例えば *Como el chocolate.* 私はチョコレートを食べる。の文での *comer*) です。同じ動詞が自動詞としても他動詞としても使われることがあります。このうち他動詞は「必ず直接目的語を伴う」動詞です。文脈等からわかるので目的語が省略される場合でも動詞は必ず直接目的人称代名詞を伴います。

Ⓐ Juan Ⓑ compra Ⓒ la fruta. → Ⓐ Juan Ⓒ la Ⓑ compra

Ⓐ	主語	主語は文脈等から明らかな場合は省略することができる。*Juan* の代わりに *él* という人称代名詞を使うこともできるが, 特に強調するなどの理由がない時は完全に省略してしまう。
Ⓑ	動詞	主語によって活用する。*Juan* に合わせて動詞は 3 人称単数。
Ⓒ	直接目的語 直接目的 人称代名詞	・直接目的語は他動詞では必ず必要な要素。反対に自動詞は直接目的語をとることはできない。 ・直接目的語が人の時は前置詞 *a* を伴う。*Miguel espera a Juan.* ミゲルはファンを待つ。*Miguel espera la respuesta.* ミゲルは答えを待つ。 ・直接目的人称代名詞は直接目的語が文脈等から明らかな時に置き換えることができる語。*me, te, lo/la, nos, os, los/las* ・弱勢語なので, 文中で強勢が置かれない。 ・ここでは *la fruta* が文脈から明らかな場合は *la* に置き換えることができる。

他動詞の文の語順
1. 直接目的人称代名詞 *me, te, lo/la, nos, os, los/las* は動詞の直前　*La compra.*
2. 否定辞の *no* は直接目的人称代名詞の前　*No la compra.*
3. 直接目的人称代名詞 *me, te*...がない文では, 直接目的語は動詞の後。*Compra la fruta.*
4. 主語は動詞の前後のどの位置でもよい。*Juan no la compra.　No la compra Juan.　Juan no compra la fruta. No compra Juan la fruta. No compra la fruta Juan.*

34

III 大きい数 Números grandes

大きい数を読むときには次のことに注意します。

541 131   *Quinientos cuarenta y un mil ciento treinta y uno.*

891 261 *personas*   *Ochocientas noventa y un mil doscientas sesenta y una personas.*

- 1000 の位と 100 の位の間には, 日本語のようにカンマをつけるのではなくスペースを空ける。 ただし 9999 以下ではスペースを空けない。 (9 999 にはならない)
- この位置にスペースを空ける代わりにピリオドを書く場合もある。 スペイン語ではカンマは小数点なので混乱しないようにすること。
- 100 は *cien*, 125 のように端数があるときは *ciento (ciento veinticinco)*
- 1000 は *un mil* ではなく *mil*
- 1000 の位が 1 の時は, *un* になる (quinientos cuarenta y **un** mil)
- 1 の位の数字が 1 の時は, 次に名詞が来ない場合は *uno*, 次に男性名詞が来る場合は un, 次に女性名詞が来る場合は *una* になる。
- 次に女性名詞が来る場合で 100 の位と, 10 万の位が 2〜9 の時 *doscientas, trescientas, cuatrocientas...* のように女性形になる。

IV 序数 Numerales ordinales

序数には男性形, 女性形, 単数, 複数があります。

el tercero, el tercer piso, la tercera planta 3 階 （日本の 4 階）

- 男性形は語尾が *o*, 女性形は語尾が *a*。複数形はいずれも s をつける。
- *primero, tercero* は, 男性単数名詞の前に来た場合のみ語尾の *o* は脱落し, *primer, tercer* のようになる。

V 不定語 Indefinidos

名詞や形容詞を修飾する不定語には次のような語があります。

mucho / mucha muchos / muchas	名詞の前に置かれ, 単数形では「多量の」複数形は「多数の」の意味。 *mucha agua* たくさんの水　*muchos libros* 多数の本
muy	英語の *very* にあたる語で, 形容詞の前に置かれる。muy は副詞なので常に *muy* の形。*muy interesante* とても面白い
más	*mucho/a (s)* の代わりに名詞の前に *más* を置くと, 「もっと多量の」「もっと多数の」の意味。*más personas* もっとたくさんの人。*muy* の代わりに形容詞の前に *más* を置くと, 「もっと〜な」の意味。*más interesante* もっと面白い。いずれの場合も *más* は無変化。「〜よりも」といった比較の対象は *que* 〜で表す。

VI 値段 Precios

値段	*seis euros con cincuenta céntimos* 6 ユーロ 50 セント （セントは *con* を使う, *céntimos* は省略されることが多い） *mil quinientos noventa y un yenes* 1591 円
〜につき	*seis euros el kilo* 1 キロにつき 6 ユーロ （〜につきは定冠詞で表す）

Unidad 8. De compras

1 動詞 *conocer, cerrar y costar* のいずれかを適切な形で入れて文を完成させなさい。
Completa con los verbos *conocer, cerrar* y *costar*.

1. A: ¿Tú _____ la frutería Todofruta?   B: Sí, la _____. Es muy buena.
2. A: ¿A qué hora _____ la frutería?   B: A las 9. ¿Qué quieres comprar?
3. A: ¿Cuánto _____ estas naranjas?   B: 7 euros, y la sandía _____ solo 5.
4. A: ¿Usted _____ al nuevo profesor? B: Sí, lo _____. Es muy simpático.
5. A: ¿A qué hora _____ los grandes almacenes en España?
   B: _____ a las diez.

2 直接目的人称代名詞と店の名前を入れて文を完成させなさい。**Completa con un pronombre de objeto directo y la tienda.**

- carnicería
- zapatería
- papelería
- frutería
- panadería
- pescadería
- tienda de ropa
- librería

例) A: ¿Dónde compramos la fruta?   B: ¿La compramos en la frutería Todofruta?

1. A: ¿Dónde compramos los libros?   B: ¿___ compramos en la _____ Pepa?
2. A: ¿Dónde compramos la camisa?   B: ¿___ compramos en la _____ Sara?
3. A: ¿Dónde compramos el cuaderno?   B: ¿___ compramos en la _____ Maribel?
4. A: ¿Dónde compramos los zapatos?   B: ¿___ compramos en la _____ Zapatón?
5. A: ¿Dónde compramos la lechuga?   B: ¿___ compramos en la _____ Paco?
6. A: ¿Dónde compramos el salmón?   B: ¿___ compramos en la _____ El Mar?
7. A: ¿Dónde compramos el pan?   B: ¿___ compramos en la _____ Panypan?
8. A: ¿Dónde compramos la carne?   B: ¿___ compramos en la _____ Ibéricos?

3 質問を読み質問文の動詞とその不定詞, 主語を書きなさい。肯定と否定の両方で答えなさい。**Lee las siguientes preguntas. Escribe los verbos y los sujetos. Después contesta afirmativa y negativamente.**

例) A: ¿Me ayudas?   ayudas   ayudar   tú
     B: Sí, te ayudo. / No, no te ayudo.

1. A: ¿Nos invitáis a la fiesta?   _____ _____ _____
   _____

2. A: ¿Esperan los profesores a los estudiantes?   _____ _____ _____
   _____

3. A: ¿Conocéis a la nueva profesora?   _____ _____ _____
   _____

4. A: ¿Me llamáis esta noche?   _____ _____ _____
   _____

5. A: ¿Me quieres?   _____ _____ _____
   _____

6. A: ¿Antonio invita a Alberto a la fiesta? _____ _____ _____
   _____

7. A: ¿Os esperamos?   _____ _____ _____
   _____

8. A: ¿Te conoce su padre?   _____ _____ _____
   _____

36

9.   A: ¿Te llamo esta noche?   _____   _____   _____

    _____

10. A: ¿Ana quiere a Juan?   _____   _____   _____

    _____

4 例のように値段を書きなさい。 **Escribe con letras cuánto cuestan.**

例) falda, 5551¥   → Esta falda cuesta cinco mil quinientos cincuenta y un yenes.

1. pantalones, 12 790¥   → _____
2. traje, 64 901¥   → _____
3. zapatos, 11 380¥   → _____
4. ordenador, 825€   → _____
5. viajes, 275,40€   → _____

5 不定語を選んで文を完成させなさい。 **Selecciona el indefinido correcto.**

1. Hay mucho / mucha / muchas personas en el tercer piso.
2. Hay muchos / más / muy museos en Madrid que en Salamanca.
3. Esta universidad es mucho / mucha / muy grande.
4. En el segundo piso hay más / mucha / muchos camisas.
5. Me gusta leer mucho. Tengo mucho / más / muchos libros.

6 適切な語を入れ，会話を自由に完成させなさい。 **Completa los siguientes diálogos con el vocabulario adecuado.**

1. A: ¿Te _____estas camisas?
   B: Sí, ___ roja ____ gusta mucho.
   A: La azul también es _____ bonita.
   B: Sí, pero es _____ cara que la roja.
   A: ¿Cuánto _____ la roja?
   B: 2500 yenes. ___ compro.

2. A: Hola, buenos días. _____ unos zapatos.
   B: ¿De qué color ___ quiere?
   A: Los quiero _____.
   B: ¿___ gustan estos?
   A: No mucho. ¿Tiene otros _____ modernos?
   B: Sí, tengo estos. _____ 4000 yenes.

3. A: Hola, buenas tardes. Quiero un _____.
   B: ¿_____lo quiere? ¿Largo o _____?
   A: No _____largo.
   B: ¿Le _____ este?
   A: Sí, me gusta mucho. Es muy _____.

Unidad 9. A comer

I 不規則活用をする動詞　Verbos irregulares
不規則活用はパターンに注目すると覚えやすくなります。

1.　*e* が *ie* になる	
recomendar	
recom**ie**ndo	recomendamos
recom**ie**ndas	recomendáis
recom**ie**nda	recom**ie**ndan

2. *o* が *ue* になる	
poder	
p**ue**do	podemos
p**ue**des	podéis
p**ue**de	p**ue**den

3. *e* が *i* になる	
pedir	
p**i**do	pedimos
p**i**des	pedís
p**i**de	p**i**den

4. 1 人称単数不規則	
dar	
doy	damos
das	dais
da	dan

1 と 4 の組み合わせ	
venir	
vengo	venimos
v**ie**nes	venís
v**ie**ne	v**ie**nen

1 と 3 の組み合わせ	
decir	
digo	decimos
dices	decís
dice	dicen

II 間接目的人称代名詞　Pronombres de objeto indirecto
　間接目的語は, 一般に動作が向けられる相手を示し, 直接目的語と異なりどのような動詞にも伴うことができます。他動詞も直接目的語を伴うことができるので, 直接目的語と間接目的語の両方をとる動詞もあります。

(A)Juan (D)le (B) da (C)el libro (D)a María. → (A)Juan (D)se(C) lo (B) da (D)a María.

(A)	主語	主語は文脈等から明らかな場合は省略することができる。
(B)	動詞	主語によって活用する。*Juan* に合わせて動詞は 3 人称単数。
(C)	直接目的語/人称代名詞	直接目的語は動詞の後。ただし直接目的人称代名詞 (*lo, la...*) に置き換えられた時は動詞の直前に置かれる。
(D)	間接目的語 間接目的 人称代名詞	• 間接目的語は 1 つの文の中に, ①間接目的人称代名詞(*me, te, le, nos, os, les*)及び② 「*a* + (主に) 人」 の形の両方を置くことができる。間接目的人称代名詞は必ず置き, 意味的に必要な場合は, 「*a*+人」 を付け加えるようにするとわかりやすい。 • 直接目的語が動詞の後にあるとき, 間接目的人称代名詞は動詞の直前に置かれる。 • 直接目的語が人称代名詞 (主に *lo, la, los, las*) で表され、動詞の直前にあるとき, 間接目的人称代名詞は *me, te, **se**, nos, os, **se*** の形で直接目的人称代名詞の前に置かれる。

間接目的語をとる他動詞の文の語順
1. 直接目的人称代名詞がない文では, 直接目的語は動詞の後。
2. 直接目的人称代名詞 *me, te, lo/la, nos, os. los/las* は動詞の直前。
3. 1 の場合間接目的人称代名詞 (3 人称 *le, les*) は動詞の直前。*Le da el libro.*
4. 2 の場合間接目的人称代名詞 (3 人称 *se*) は *me, te, lo/la, nos, os los/las* の前。*Se lo da.*
5. 否定辞の *no* は間接目的人称代名詞の前。No le da el libro. No se lo da.
6. 主語と間接目的語 「*a*+人」 は適宜その他の位置 (動詞の前後いずれも可) に置く。
   Juan no se lo da a María. A María no se lo da.   No se lo da Juan a María.

III 動詞 *saber* の使い方　**Verbo *saber***

saber は主に「知っている」の意味ですが, 色々な使い方があります。

1.	*saber* ＋不定詞	次に他の動詞の不定詞 (-ar, -er, -ir で終わる形) をとり, 能力がある, 知識がある等の理由「〜できる」の意味。「状況が許す＝*poder*」意味ではない。*Sé hablar español.* 私はスペイン語が話せる。
2.	*saber* ＋疑問詞	*saber* の後に疑問詞で始まる疑問文をそのままの語順で置くと, 例えば *saber dónde está el profesor*「先生がどこにいるか」知っているの意味になる。*No sé de dónde es Raúl.* ラウルがどこ出身か知らない。
3.	*saber* ＋*si*＋文	「〜かどうか」知っている。*No sé si viene Elvira a la fiesta.* エルビラがパーティに来るかどうか知らない。
4.	*saber* ＋*que*＋文	「〜であることを」知っている。*¿Sabes que Elvira viene a la fiesta?* エルビラがパーティーに来ることを知っている？
5.	*saber* ＋名詞	名詞を直接目的語とするが, 一般に *el número de teléfono* 電話番号, *el nombre de ese chico* その男の子の名前, *la dirección* 住所, 等すぐ「答え」が言える名詞や, *inglés* などの言語を知っているの意味で使われる。「人を知っている」「場所を知っている＝行ったことがある」の場合は *conocer* を使うので *saber* は使えない。

IV 動詞 *poder* の使い方　**Verbo *poder***

poder は主に動詞の不定詞を伴って使われます。

1.	可能性	「(状況が許すので) 可能である」の意味。*No puedo venir porque no tengo tiempo.* 時間がないので来られない。
2.	許可	肯定文 *(tú, usted, vosotros, ustedes) Puedes venir.* 君は来て良い。 疑問文 *(yo, nosotros) ¿Podemos venir?* 私たちは来てもいいですか。
3.	依頼	疑問文 *(tú, usted, vosotros, ustedes) ¿Puede venir?* 来てください。

V 動詞 *ser* と *estar*＋形容詞　*ser, estar*＋ adjetivo　→Unidad 11 I

動詞 *ser* と *estar* はどちらも英語の *be* 動詞にあたる動詞です。次が名詞の場合は *ser* しか使えませんが, 次が形容詞の場合は *ser* を使うか *estar* を使うか判断する必要があります。

ser	人の性格, 容姿, 物事の特徴等を表す形容詞とともに使う。 *El restaurante es barato.* このレストランは安い（レストランだ） *El gazpacho es bueno.* このガスパチョは品質が良い。 *Los tomates son baratos en España.* トマトはスペインでは安い。
estar	人や物の状態を表すときに使う。 *El restaurante está abierto.* レストランは開いている。 *El gazpacho está bueno.* このガスパチョはおいしい。 *Los tomates están baratos.* トマトは今安い。

IV 副詞 *tampoco*

副詞 nunca (決して〜ではない) 同様否定文で使われますが, 動詞の前に置かれると *no* はなくなります。

No conozco a su padre. Tampoco conozco a su madre. (=No conozco a su madre tampoco)

Unidad 9. A comer

1 動詞を入れて文を完成させなさい。 **Completa los verbos con las vocales necesarias.**

1. Te recom___nd__ este restaurante. La comida está muy buena.
2. A: ¿S__b__s el número de teléfono del restaurante?
   B: Pues no, no lo s__. Lo siento.
3. Lo siento, pero no p__d__ ir contigo porque t__ng__ que estudiar.
4. A: ¿P__d__m__s ensalada?
   B: Vale, y de segundo yo qu__r__ pescado.
5. Camarero, ¿nos tra__ un poco más de pan, por favor?
6. A: ¿V__n__s mucho a este restaurante?
   B: Sí, v__ng__ dos o tres veces a la semana.
7. A: Te d__y mi carne, no me gusta mucho.
   B: Gracias. A mí me gusta mucho.
8. A: Ese restaurante es muy malo.
   B: ¿Qué d__c__s? Es muy bueno y barato.

2 正しい動詞を選びなさい。 **Elige el verbo más adecuado.**

1. A: ¿Me recomiendas / traes esta cafetería?
   B: Sí, es muy buena. Yo vengo / sé todos los sábados.
2. A: ¿Me traigo / das el libro?
   B: Sí, ahora te lo traigo / das.
3. A: ¿Me dices / traes la hora?
   B: Sí, son / están las doce y media.
4. A: ¿Conoces / Sabes este restaurante?
   B: Sí, lo sé / conozco. Es muy bueno.
5. A: ¿Puedo / Quiero ir contigo?
   B: Pues... Prefiero / Tengo ir solo.

3 質問を読み質問文の主語と動詞, 答えの文の主語と動詞を書きなさい。肯定と否定の両方で答えなさい。 **Lee las siguientes preguntas. Escribe los verbos y los sujetos de las preguntas y de las respuestas. Después contesta afirmativa y negativamente.**

例) A: ¿Juan le da el libro a María?　　　質問の主語と動詞　答えの主語と動詞
　　B: Sí, se lo da. / No, no se lo da.　　　Juan, da　　　　Juan, da

1. A: ¿Le damos el libro a María?
   _____ 　_____, _____ 　_____, _____
2. A: ¿Le doy el libro a María?
   _____ 　_____, _____ 　_____, _____
3. A: ¿Les das el libro a María y a Juan?
   _____ 　_____, _____ 　_____, _____
4. A: ¿Usted les da el libro a María y a Juan?
   _____ 　_____, _____ 　_____, _____
5. A: ¿Ana y tú les dais el libro a María y a
   Juan?_____ 　_____, _____ 　_____, _____
6. A: ¿Ellos les dan el libro a María y a Juan?
   _____ 　_____, _____ 　_____, _____

40

4 例のように文を書き換えなさい。 **Escribe de nuevo las frases como en el ejemplo.**

例) Juan le da el libro a María. → *Juan le da el libro.* → *Juan se lo da.*

1. Yo le traigo la comida a Ana. → _____ → _____
2. Mei le dice la verdad a Kana. → _____ → _____
3. Nosotros le damos la camisa a Luis. → _____ → _____
4. Yo le recomiendo esta tienda a Mio. → _____ → _____
5. Luis le trae los zapatos a Karla. → _____ → _____

5 適切な直接目的及び間接目的人称代名詞を入れて, 文を完成させなさい。 **Completa con los pronombres de objeto directo e indirecto adecuados.**

1. A: ¿Me prestas tus discos de pop japonés? B: Sí, ____ ____ presto.
2. A: ¿El profesor os enseña bien la gramática? B: Sí, ____ ____ enseña muy bien.
3. A: ¿No quieres el helado? ¿Me lo das? B: Sí, ____ ____ doy.
4. A: ¿Nos recomendáis esta cafetería? B: No, no ____ ____ recomendamos.
5. A: ¿Le traéis un café a vuestro padre? B: Sí, ahora mismo ____ ____ traemos.

6 適切な動詞を選びなさい。 また答えを書きなさい。 **Elige el verbo más adecuado y escribe las respuestas.**

例) A: ¿<u>Sabes</u> / Puedes cocinar? B: No, *no sé cocinar.*

1. A: ¿<u>Sé / Puedo</u> hacer la reserva por internet? B: Sí, _____.
2. A: ¿<u>Sabes / Puedes</u> a qué hora cierra? B: No, _____.
3. A: ¿<u>Sabes / Puedes</u> traer más pan? B: Sí, _____.
4. A: ¿<u>Sabes / Puedes</u> tocar el piano? B: Sí, _____.
5. A: ¿<u>Sé / Puedo</u> ir al servicio? B: No, _____.

7 適切な語を入れて会話を自由に完成させなさい。 **Completa los siguientes diálogos con el vocabulario adecuado.**

1. A: ¿Qué va a tomar de _____?
   B: _____, por favor.
   A: ¿Y _____ segundo, carne o _____?
   B: _____, por favor.
   A: ¿Y de _____?
   B: Un _____ de chocolate.
2. A: Buenas tardes, ¿qué les _____?
   B: Una _____ y una tapa de _____.
   C: _____ mí, vino tinto y _____ de patatas.
3. A: Hola, un _____ y tarta de _____.
   B: Yo, un _____ con churros.

Unidad 10. Los mexicanos se levantan pronto

I 代名動詞 Verbos pronominales

　代名動詞は, 必ず再帰代名詞の se (me, te, se...)を伴って使われる動詞です。辞書では-se や 代, 再帰などで表されます。代名動詞は不定詞に se を付け, levantarse という形で, またそれぞれの活用形は, 動詞の前に me, te, se, nos, os, se という代名詞を付けて覚えましょう。

levantarse		ponerse		vestirse	
me levanto	nos levantamos	me pongo	nos ponemos	me visto	nos vestimos
te levantas	os levantáis	te pones	os ponéis	te vistes	os vestís
se levanta	se levantan	se pone	se ponen	se viste	se visten

- 主語が yo の時に動詞が me という代名詞を伴うと, 主語と代名詞の指す人が同じ代名動詞になります。
- 代名動詞の代名詞の se と, 間接目的代名詞の se (直接目的代名詞と同時に使われたときに le, les が se になる) を混同しないように気を付けましょう。

代名動詞が使われている文の語順

1. *Yo me levanto temprano.* 私は早く起きる。のように, 代名動詞が主語の数と人称によって活用している場合は, 代名詞 me は必ず動詞の直前に置く。否定辞の no はその前。主語の yo や副詞 temprano はその他の位置。
2. *Querer, poder, saber, preferir, ir a, tener que* 等の後に不定詞として使われる場合
   a) 一般にそれらの動詞の後に不定形の形で置かれるが, 代名詞の人称は主語に一致する。*Quiero levantarme temprano.* 私は早く起きたい。
      Miguel quiere levantarse temprano. ミゲルは早く起きたい。
   b) 代名詞を querer 等の動詞の前に置いてもよい。
      Me quiero levantar temprano. Miguel se quiere levantar temprano.
   c) *Para* や *después de* の後のように前置詞の後に置かれるときは, 代名詞の人称はその動作をする人の人称に合わせる。
      para levantarme temprano 私が早く起きるために
      Nos acostamos después de ducharnos. 私たちはシャワーを浴びた後で寝る。

代名動詞の用法

1. 「～させる」の意味の動詞が代名動詞になると「～する」の意味になる。多くの代名動詞がこの用法。
   despertar 目を覚まさせる →*despertarse* 目を覚ます
   Yo despierto a mi hijo. 私は息子を起こす。
   Yo me despierto a las siete. 私は7時に起きる。
   sentarse 座る　　　　　　　　　*ducharse* シャワーを浴びる
   vestirse 身づくろいを整える　　　*acostarse* 寝る
2. 直接目的語を伴うことができる代名動詞もある。
   lavarse los dientes 歯を磨く　　　*lavarse la cara* 顔を洗う
   ここでは, 目的語には定冠詞が付くこと, dientes や cara は一人当たりの数。単数 (la cara) であるか複数 (los dientes) であるかに注意。
   ponerse lentes de contacto コンタクトレンズを付ける

42

3. 主語が複数で「お互いに〜する」の意味で使う。*Miguel y Sara se quieren.* ミゲルと サラは愛し合っている。*No nos conocemos.* 私たちは知り合いではない。

4. 代名動詞かそうでないかによって意味やニュアンスが変わる動詞がある。例えば *Voy a la universidad.* のような文で動詞 *ir* は一般に目的地を述べるために使われるた め, 聞き手が目的地を知らない時には普通は目的地を言う。これに対して *Me voy.* 行きます (さようなら) のような文で使われる *irse* は「その場からいなくなる」こ とを言うために使う。目的地を言ってもよいが必ずしもその必要はない。

II *Antes, después*

antes 前に, *después* 後には次のような用法があります。

1.	その前 その後	*Desayuno, después me lavo los dientes.* 朝食を食べその後で歯を磨く。 *Voy a estudiar, pero antes me lavo los dientes.* 私は勉強しますが, その前に, 歯を磨きます。
2.	+ de 不定詞 〜の前, 後	*Me lavo los dientes después de desayunar.* 朝食の後で歯を磨く。 *Voy a lavarme los dientes antes de estudiar.* 勉強の前に歯を磨く。

III 天候表現 Tiempo atmosférico

天気を表す色々な表現があります。

1.	hacer	動詞 *hacer* の後は名詞。 *Hace muy buen /mal tiempo.* とても良い/悪い天気だ。 　bueno, malo は男性単数名詞の前では *buen / mal* 　tiempo (天気) は名詞だが *bueno / malo* は形容詞なので「とて もいい/悪い天気」というときは *muy* を付ける。 *Hace mucho calor / frío / sol.* とても暑い/寒い/日が照っている。 　calor / frío / sol は男性名詞「とても〜」と強調する時は *mucho* を使う。 　*Hace 25 grados.* 25 度です。
2.	llover, nevar	*Llueve mucho.* たくさん雨が降る *Nieva mucho.* たくさん雪が降る 　llover, nevar は動詞だが、3 人称単数にのみ活用する。 　強調するときには副詞 *mucho* を使う。
3.	estar	*Está muy nublado.* とても曇っている。 　nublado は形容詞なので強調するときは *muy*

IV 時や場所を表す表現　Marcadores temporales y expresiones de lugar →Unidad 6 I ②, 6 IV

en	〜に	*en Salamanca, en la ciudad*
	〜の北/南/東/西 に	*en el norte / sur / este / oeste*
	〜月に	*en enero, en febrero, en marzo, en abril, en mayo...*
	季節	*en primavera, en verano, en otoño, en invierno*
a	〜の北/南/東/西方 に	*al norte / sur / este / oeste*
	時刻	*a las tres, a las cinco y media, a las siete menos cuarto*

Unidad 10. Los mexicanos se levantan pronto

1 正しい動詞を選び文を完成させなさい。 **Selecciona la forma correcta.**

1. Yo me levanto / te levantas a las siete y se acuesta / me acuesto a las doce y media. Duermo / Duermes seis horas y media.
2. Mi hermana te despiertas / se despierta muy pronto. Se ducha / Se duchan, me visto / se viste y se lavan / se lava los dientes antes de desayunar.
3. Nosotros primero me lavo / nos lavamos la cara, después desayunamos / desayuno y luego salgo / salimos de casa.
4. A: ¿A qué hora os levantáis / se levanta?
   B: Nos levantamos / os levantáis a las ocho.
5. A: ¿Dónde te sientas / se sienta tú en clase?
   B: Siempre se sienta / me siento en la última fila.

2 質問を読み質問文の動詞とその不定詞, 主語を書きなさい。 否定で答えなさい。 **Lee las siguientes preguntas. Escribe los verbos y los sujetos. Después contesta negativamente.**

例) A: ¿Te levantas a las siete?
  B: No, no me levanto a las siete.

          te levantas   levantarse   tú

1. A: ¿Nos acostamos pronto?
   _____ _____   _____   _____
2. A: ¿Natalia duerme ocho horas?
   _____ _____   _____   _____
3. A: ¿Os sentáis en el tren?
   _____ _____   _____   _____
4. A: ¿Miguel se lava los dientes?
   _____ _____   _____   _____
5. A: ¿Desayunan ustedes en casa?
   _____ _____   _____   _____
6. A: ¿Alicia y Carmen se van?
   _____ _____   _____   _____

3 質問と答えを書きなさい。 **Escribe la pregunta y la respuesta.**

例) A qué hora / tú / levantarse
             A: ¿A qué hora te levantas?
             B: Me levanto a las siete.

1. dónde / vosotros / sentarse en clase   A: _____
                    B: _____
2. cuántas veces al día / usted / lavarse   A: _____
   los dientes   B: _____
3. a qué hora / tú / acostarse   A: _____
                    B: _____
4. tú / ducharse o bañarse   A: _____
                    B: _____
5. vosotros / ducharse por la mañana o   A: _____
   por la noche   B: _____

4 再帰代名詞を入れて文を完成させなさい。 **Completa con un pronombre reflexivo.**
1. Normalmente ___ levanto a las 7, pero mañana voy a levantar___ a las 5 porque mi novio y yo ____ vamos de viaje. Hoy tenemos que acostar___ pronto.
2. Antes de acostar___, voy a bañar___ porque mañana no tengo tiempo y no puedo duchar___.
3. Después de levantar___, vamos a vestir___, a poner____ las lentes de contacto y a lavar___ los dientes.
4. A: Mamá, no quiero levantar____.
   B: Hijo, tienes que levantar___. Hoy tienes clase.
5. A: Voy a volver a casa pronto para acostar___ pronto.
   B: Yo también voy a acostar___ pronto porque mañana tengo que levantar__ a las seis.

5 適切な語を入れて文を完成させなさい。 **Completa con el vocabulario adecuado.**
1. A: ¿Qué _____ hace en Madrid en verano?
   B: Hace _____ calor. ¿Y en Tokio?
   A: En Tokio también. Y en junio y en septiembre _____ mucho.
2. En Hokkaido en enero hace mucho _____ y _____ mucho.
3. Hoy no _____ sol, está _____. Creo que va a _____.
4. En Cancún siempre hace muy _____ tiempo. No _____ casi nunca y hace mucho _____.

6 正しい方を選んで文を完成させなさい。 **Completa con la opción adecuada.**
Hola, me llamo María, soy española. Normalmente me levanto / levantarme a las 6. Me gusta me levanto / levantarme temprano. Primero, me baño / bañarme tranquilamente. Después de me baño / bañarme, me maquillo / maquillarme y luego me visto / vestirme y desayuno / desayunar. Después de desayuno / desayunar, leo / leer el periódico o veo / ver las noticias en la televisión. Antes de salgo / salir de casa, me lavo / lavarme los dientes. Salgo / salir de casa a las ocho.

7 下から適切な動詞の形を選んで文章を完成させなさい。 **Completa el siguiente texto con una de las opciones de abajo.**

¡Hola! Me llamo José y (1)_____ peruano. Perú (2)_____ en el (3)_____ de América del Sur, al (4)_____ de Colombia y al (5)_____ de Chile. Perú (6)_____ unos 31 millones de habitantes. Los peruanos (7)_____ amables, cariñosos y trabajadores. Les (8)_____ mucho el fútbol y (9)_____ la televisión. Normalmente se (10)_____ bastante temprano. Una de las (11)_____ más famosas de Perú es Inti Raymi. (12)_____ en Cuzco el 24 de junio.

(1) a. es b. estoy c. soy   (2) a. es b. está c. tiene
(3) a. oeste b. norte c. sur   (4) a. este b. sur c. oeste
(5) a. norte b. este c. oeste   (6) a. son b. están c. tiene
(7) a. son b. están c. tienen   (8) a. gustan b. encanta c. gusta
(9) a. leer b. ver c. ven   (10) a. estudian b. levantan c. van
(11) a. ciudades b. música c. fiestas (12) a. Se celebra b. Está c. Se levanta

Unidad 11. Estoy muy contenta

I 体調を表す *estar*　Verbo *estar* + adjetivo (estados físicos y de ánimo)　→Unidad 9 V

動詞 *estar*+形容詞は状態を表しますが, 特に次のような形容詞は体調を表します。

aburrido	退屈な	cansado	疲れた	contento	嬉しい
resfriado	風邪をひいた	triste	悲しい		

- 形容詞は主語や修飾する名詞によって性数変化する。
- 「とても〜」は *muy*, 「少し〜」は *un poco* をつける。ただし *un poco* は否定的な意味を持つ形容詞に限られる。
- *muy* や *un poco* は性数変化しない。
  Estoy un poco aburrido. 私は少し退屈している。
  Estamos muy contentos. 私たちはとても嬉しい。

II 感覚を表す tener +名詞　Verbo *tener* + sustantivo (sensaciones físicas)

動詞 *tener*+名詞で感覚等を表すことができます。

sueño	眠気	frío	寒さ	calor	暑さ
sed	のどの渇き	hambre	空腹	fiebre	熱

- 主語が複数でも単数で使われる。*Nosotros tenemos calor.* 私たちは暑い。
- 「とても〜」は *mucho/a* を付ける。 *sueño, frío, calor* は男性名詞なので *mucho* に *sed, hambre, fiebre* は女性名詞なので *mucha* になる。*Ellos tienen mucha sed.*
  Tenéis mucha hambre. 君たちはとてもおなかがすいている。
- 「少し〜」は *un poco de* を付ける。男性名詞女性名詞共に *un poco de* になる。
  Ellas tienen un poco de sed. 彼女らは少し喉が渇いている。
  Tenemos un poco de frío. 私たちは少し寒い。

III 動詞 *doler* の用法　Verbo *doler*

動詞 *doler* は, 「〜は〜が痛む」という意味ですが, 痛む体の部位が主語で, 痛みを感じている人は間接目的語で表します。*Gustar* と同じような使い方をします。

Ⓓ A María Ⓒ le　Ⓑ duele Ⓔ mucho　Ⓐ la cabeza.

Ⓐ	主語	• 「痛む体の部位」が主語。必ず定冠詞が付く。 *Me duele la cabeza.* 私は頭が痛む。*Les duele la cabeza.* 彼らは頭が痛い。 • 疑問詞は *qué* を使う。*¿Qué te duele?* 君はどこが痛むの？
Ⓑ	動詞	「痛む部位」が単数なら *duele*, 複数なら *duelen* が使われる。 *Le duelen las piernas.* 脚が痛む。*Le duele la pierna derecha.* 右脚が痛む。
Ⓒ	間接目的 人称代名詞	*me, te, le, nos, os, les* • 「誰が痛みを感じているか」を表すが, *doler* の文では必ず代名詞をつけるようにする。 • 3 人称 *le, les* は「痛みを感じる人」が男性でも女性でも同じ形になる。
Ⓓ	間接目的語	• 間接目的人称代名詞 *le* や *les* では具体的に誰が痛みを感じているかは表されない。具体的な人は前置詞 *a* を伴って表すことができる。*A Juan (→le), a María y a Juan(→les)* • *a* + 人を使っても, 人称代名詞は残す。 *A Juan le duelen las piernas.* ファンは脚が痛む。

		• 私 (*a mí*) 君 (*a ti*) 他の 1 人称, 2 人称の場合も, 意味をはっきりさせたり, 強調したりするために使われる。 *A mí me duele el estómago.* 私は胃が痛い。 • 疑問詞は *a quién* を使う。 *¿A quién le duele la cabeza?* 頭が痛いのは誰ですか。
Ⓔ	程度を表す 副詞	• *mucho* (とても痛い), *no / mucho* (あまり痛くない) • *un poco* (少し痛い), *más* (もっと好き) のような語を加えることができる。 *Me duele mucho la cabeza.* 私はひどい頭痛がする。 *Me duelen un poco las piernas.* 私は脚が少し痛い。

IV 形容詞, 動詞, 名詞の修飾語 Cuantificadores

形容詞, 動詞, 名詞の意味を強めたり弱めたりする語は, 修飾する語によって性数変化する場合やしない場合があります。

muy		形容詞 を修飾	*Está muy cansado.* 彼はとても疲れている。 *un libro muy interesante* とても面白い本
mucho	mucho/ mucha muchos/ muchas	名詞を 修飾	*mucho dinero* たくさんのお金（単数名詞） *muchas casas* 多くの家（複数名詞）
	mucho	動詞を 修飾	*Mi padre trabaja mucho.* 父はよく働く。 *Me gusta mucho.* 私はとても好きだ。
un poco**	un poco	形容詞* を修飾	*Está un poco cansado.* 彼は少し疲れている。 *un libro un poco aburrido* ちょっと退屈な本
		動詞を 修飾	*Me duele un poco la cabeza.* 少し頭痛がする。 *Hoy voy a trabajar un poco.* 今日は少し働く。
	un poco de	名詞を 修飾	*un poco de dinero* 少しのお金 *un poco de agua* 少量の水
	unos pocos unas pocas		*unos pocos libros* 少数の本 *unas pocas sillas* 少数の椅子

　*　否定的な意味をもつ形容詞に限る。
　**　un poco の代わりに poco を使うと「足りない」というニュアンスになる。
　　　Trabajo poco. 少ししか働かない。　　*Hay poca agua.* 水が少ししかない。

V 接続詞 Conjunciones

文と文, 句 (語のかたまり) と句, 語と語を結ぶ働きをする語が接続詞です。

porque	なぜならば	理由を後から述べるときに使う。 *No salgo de casa porque llueve.* 出かけない, なぜならば雨だから。
como	～だから	理由を先に述べるときに使う。 *Como llueve, no salgo de casa.* 雨が降っているから出かけない。
por eso	だから	*Llueve, por eso no salgo de casa.* 雨が降っている, だから出かけない。

Unidad 11. Estoy muy contenta

1 例にならって質問を書き, 否定で答えなさい。 **Escribe la pregunta y contesta en negativo.**

例) María / cansado   P: ¿Está María cansada?   R: No, no está cansada.

1. vosotros / contento   P: _____   R: _____
2. tú / resfriado   P: _____   R: _____
3. ustedes / aburrido   P: _____   R: _____
4. Ana y Marta / triste   P: _____   R: _____
5. José y Juan / cansado   P: _____   R: _____
6. Carlos / contento   P: _____   R: _____
7. vosotras / aburrido   P: _____   R: _____
8. usted / resfriado   P: _____   R: _____

2 例にならって質問を書き, 肯定で答えなさい。 *mucho, mucha, un poco de* のいずれかを使ってください。 **Escribe la pregunta y contesta afirmativamente añadiendo *mucho*, *mucha* o *un poco de*.**

例) María / sueño   A: ¿Tiene María sueño?   B: Sí, tiene mucho sueño.

1. vosotros / hambre   P: _____   R: _____
2. tú / fiebre   P: _____   R: _____
3. ustedes / frío   P: _____   R: _____
4. Ana y Marta / calor   P: _____   R: _____
5. José y Juan / sed   P: _____   R: _____
6. Carlos / fiebre   P: _____   R: _____
7. vosotras / calor   P: _____   R: _____
8. usted /sueño   P: _____   R: _____

3 例にならって質問を書きなさい。 指示に従って, 肯定または否定で答えなさい。 **Escribe la pregunta y contesta afirmativa o negativamente.**

例) María / cabeza   P: ¿A María le duele la cabeza?
    → cabeza   R: Sí, le duele la cabeza.

例) tú / cabeza   P: ¿Te duele la cabeza?
    → piernas   R: No, no me duele la cabeza. Me duelen las piernas.

1. vosotros / ojos   P: _____
    → dientes   R: _____
2. tú / garganta   P: _____
    → garganta   R: _____
3. ustedes / pies   P: _____
    → manos   R: _____
4. Ana y Marta / espalda   P: _____
    → estómago   R: _____
5. José y Juan / brazos   P: _____
    → brazos   R: _____
6. Carlos / espalda   P: _____
    → ojos   R: _____

4 適切な代名詞を書き, 正しい動詞の形を選びなさい。 **Completa con el pronombre adecuado y selecciona la forma correcta del verbo.**

1. A: ¿Qué _____ pasa / pasan? ¿ _____ encuentra / encuentras bien?
   B: _____ duele / duelen la cabeza.
2. A Juan _____ duele / duelen las piernas y por eso no puede / pueden jugar al tenis.
3. A: Mamá, _____ duele / duelen mucho los dientes.
   B: Tengo / Tenemos que ir al dentista.
4. A: ¿Qué _____ pasa / pasan a Marta y a Sonia?
   B: _____ duele / duelen el estómago.
5. A mis hermanos y a mí a veces _____ duele / duelen la cabeza.

5 適切な不定語を選んで書きなさい。 **Completa con el cuantificador adecuado.**

1. María está _____ cansada. (mucho / mucha / muy)
2. Juan y Carlos están _____ tristes. (poco / un poco / pocos)
3. Mis profesores no están _____ contentos. (muy / un poco / muchos)
4. Me duelen _____ las piernas. (un poco / muy / pocas)
5. Tengo _____ hambre. (muy / mucho / mucha)

6 次の答えになるような質問を考えて書きなさい。 **Escribe una pregunta adecuada para estas respuestas.**

1. P: ¿ _____ ? R: Duermo siete horas al día.
2. P: ¿ _____ ? R: Estoy muy contenta.
3. P: ¿ _____ ? R: Me duele un poco la cabeza.
4. P: ¿ _____ ? R: Sí, me acuesto a las diez o diez y media.
5. P: ¿ _____ ? R: Sí, salgo y hablo mucho con mis amigos.

7 正しい組み合わせを選び文を完成させなさい。 **Elige una de las opciones y completa.**

1. Los médicos recomiendan _____ ocho horas al día. Es bueno _____ pronto.
   a. acostarse / dormir   b. duermen / acostarse   c. dormir / acostarse
2. Es necesario _____ frutas y verduras regularmente y _____ bien por la mañana.
   a. comen / desayunan   b. comer / desayunar   c. como / desayuno
3. A: ¿Qué te _____? B: No sé, creo que tengo _____.
   a. encuentras / fiebre   b. comes / hambre   c. pasa / fiebre
4. Para _____ contento todos los días, es _____ dormir bien.
   a. estar / necesario   b. tener / importante   c. estar / hay que
5. Tengo _____ hambre, por eso voy a cenar _____ esta noche.
   a. mucho / mucha   b. mucha / mucha   c. mucha / mucho

Unidad 12. De viaje

I 過去の時を表す表現　Marcadores temporales

過去に起こった事柄について話すときは動詞を点過去や線過去の適切な形に活用させますが、過去の時を表す表現を使い, いつのことを話しているかを明確にすることが大切です。

	「今日」「今の時間」を基準にする表現: 「今」がいつであるかが変わると 具体的に指す日にちや時間が変わる	
定冠詞+ 時の表現 + *pasado*	「過ぎたばかりの〜」の意味。 「時の表現」は *año, mes, semana, domingo..., verano...* 等 必ず *el, la* という定冠詞を伴うことに注意 *el año pasado* 昨年　　　　　　　*el mes pasado* 先月 *la semana pasada* 先週　　　　　*el lunes pasado* この前の月曜日 *el verano pasado* この前の夏	
hace+ 期間を表す表現	「今から〜前」の意味。 「期間を表す表現」は *año, mes, semana, día, hora* 等 不定冠詞 *un, una* や, *dos, tres...* のような数詞を伴うことに注意 *hace un año* 1 年前　　　　　　*hace dos meses* 2 か月前 *hace una semana* 1 週間前　　*hace cuatro días* 4 日前 *hace cinco horas* 5 時間前 *Hace dos años y cuatro meses* 2 年と 4 カ月前 *Hace un mes y cinco días* 1 か月と 5 日前	

		必ずしも「今日」「今の時間」を基準にしない表現：現在, 過去, 未来ともに使える
日付	定冠詞	*el uno de diciembre de dos mil quince* 2015 年 12 月 1 日に 日付の数字の前は定冠詞：日付は基数 (*uno, dos, tres...*) 月の前は前置詞 *de*: 年の前は前置詞 *de*：年は 4 桁の基数 (*dos mil doce...*)
曜日	定冠詞	曜日の前は冠詞 *el* *el lunes, el martes, el miércoles, el jueves, el viernes...*　月曜日…に *El sábado fui a Kamakura.* 土曜日に鎌倉に行った。のような文では 普通「今」を基準にして過ぎたばかりの土曜日を指す。
月	前置詞 *en*	*en enero, en febrero, en marzo, en abril, en mayo...*　1 月… に 月の前は前置詞 *en* *En enero fui a Kamakura.* 1 月に鎌倉に行った。のような文では普通「今」を基準にして過ぎたばかりの 1 月を指す。
年	前置詞 *en*	年の前は前置詞 *en 1998, en 2003* 〜年に
時間	前置詞 *por*	*por la mañana / tarde / noche* 午前, 午後, 夜に
	前置詞 *a*	*a las tres de la tarde*　午後 3 時に *a las cuatro menos cuarto*　3 時 45 分に 「朝の」「午後の」を加える時は *a las ocho de la mañana* 朝 8 時に, のように前置詞 *de* を使う。

II 点過去：活用 Pretérito perfecto simple: conjugación

過去の事項を表す点過去の活用の規則活用では ER 動詞と IR 動詞の語尾は同じです。

AR 動詞規則活用		ER 動詞 IR 動詞規則活用		不規則動詞	
hablar		comer		ir / ser	
hablé	hablamos	comí	comimos	fui	fuimos
hablaste	hablasteis	comiste	comisteis	fuiste	fuisteis
habló	hablaron	comió	comieron	fue	fueron

- 規則活用では, AR 動詞と IR 動詞で主語が nosotros の時の活用形は現在と点過去で同じ形　Vivimos en España. 私たちはスペインに住んでいる / 住んだ。

III 線過去：活用 Pretérito imperfecto: conjugación

過去に何かが起こったときの状況を表すためには線過去が使われます。*

AR 動詞規則活用		ER 動詞 IR 動詞規則活用		不規則動詞	
estar		comer		ser	
estaba	estábamos	comía	comíamos	era	éramos
estabas	estabais	comías	comíais	eras	erais
estaba	estaban	comía	comían	era	eran

* 　Muy bien 1 では線過去の活用は扱わず, estaba, estaban, era, eran, había のみ扱う。

IV 点過去と線過去の使い分け Dos tiempos verbales de pasado

2 つの過去の用法は色々ありますが, 一番基本的な使い分けは点過去は行為を, 線過去は行為が行われたときの状況を表すことです。

Fui a Kioto.	京都に行った。	→点過去	行為
Había mucha gente.	たくさん人がいた。	→線過去	京都に行った時の状況
Fui al banco.	銀行に行った。	→点過去	行為
Estaba cerrado.	閉まっていた。	→線過去	銀行に行った時の状況
Visité el museo.	博物館に行った。	→点過去	行為
Era interesante.	おもしろかった。	→線過去	博物館の状況

V 場所を表す表現 Expresiones de lugar

動詞 ir は一般に目的地を伴って使われます。目的地は前置詞 a を伴います。また「〜で」を表す表現の多くは前置詞 en を伴って表します。前置詞の後の冠詞の有無に注意しましょう。

無冠詞	固有名詞	Fui a España. スペインに行った。
	casa	Vuelvo a casa. 家に帰る。 Está en casa. 彼は家にいる。 特にどの家かの指定をしない場合は無冠詞
	複数名詞	Voy a conciertos. (複数の) コンサートに行く。
定冠詞	固有名詞	Fui al Monte Fuji. 富士山に行った。 Estoy en la estación de Tokio. 私は東京駅にいる。
	特定の場所	Fui a la biblioteca. (特定の) 図書館に行った。
	普通定冠詞が使われる表現	Fui al cine. 映画を見に行った。 Fui al teatro. 演劇を見に行った。
不定冠詞	ある〜	Fui a un concierto. 　あるコンサートに行った。

Unidad 12. De viaje

1 今日は 4 月 8 日月曜日です。例のように適切な時を表す表現に書き換えなさい。ただし一週間は月曜日に始まるとします。 **Hoy es lunes, ocho de abril. Escribe marcadores temporales como en el ejemplo. La semana empieza en lunes.**

例) del 1 al 7 de abril   → la semana pasada

1. el 7 de abril   → _____
2. el 8 de marzo   → hace _____
3. el 1 de abril   → hace _____
4. el 6 de abril   → hace _____
5. el 6 de abril   → _____ pasado
6. del 1 al 31 de marzo   → _____ pasado
7. del 1 de enero al 31 de diciembre   → _____ pasado
8. en julio, agosto y septiembre del año pasado   → _____ pasado

2 時を表す語に注目し, どこに行ったかを言う文を自由に書きなさい。必要な情報を加えなさい。 **Fíjate en el marcador temporal y escribe adónde fuiste. Añade la información que consideres necesaria.**

例) El verano pasado   →El verano pasado fui a España con mi familia.

1. Ayer   → _____
2. El sábado pasado   → _____
3. La semana pasada   → _____
4. El mes pasado   → _____
5. Hace un año   → _____

3 動詞 *ir* を点過去に活用させ, 文を完成させなさい。 **Completa con el verbo *ir* en pretérito perfecto simple.**

1. A: En verano Ángel y yo _____ a Colombia.
   B: ¿Cómo _____?
2. A: Hace dos años mis padres _____ a Okinawa. _____ en verano.
3. A: ¿_____ ustedes solos?
   B: No, _____ con nuestros hijos.
4. A: Juan, ¿a dónde _____ en las últimas vacaciones?
   B: _____ a Sapporo.
5. A: ¿Cuándo _____ a México?
   B: Fuimos en febrero.

4 動詞の点過去の活用を完成させなさい。 **Completa los verbos en el pretérito perfecto simple.**

1. Ayer mis padres fue___ a un restaurante español. Beb_____ vino y com_____ paella.
2. El viernes pasado Ana y yo fui____ a la biblioteca y estud_____ mucho.
3. A: ¿Qué le compr_____ vosotros a Ana para su cumpleaños?
   B: Le compr_____ un CD de música española.
4. El año pasado fui a México. Visit_____ muchos museos y v____ una película en el cine.
5. La semana pasada Kenta fu___ a Hiroshima en tren. Escuch____ música y escrib___ en su diario.

5 適切な時制の形を選びなさい。 **Elige el tiempo adecuado.**

1. En marzo <u>fui / iba</u> a Granada. <u>Visité / visitaba</u> la Alhambra. <u>Hubo / Había</u> muchos turistas.
2. En verano <u>fuimos / íbamos</u> a Quito. <u>Comimos / Comíamos</u> mucho. La comida <u>fue / era</u> deliciosa.
3. En agosto Yuka <u>fue / iba</u> a Barcelona. <u>Visitó / Visitaba</u> la Sagrada Familia. <u>Fue / Era</u> muy bonita.
4. En enero mis padres <u>fueron / iban</u> a Kioto. <u>Visitaron / Visitaban</u> muchos templos. <u>Hubo / Había</u> mucha gente.
5. A: ¿<u>Fuisteis / Ibais</u> a Nikko?
   B: Sí, <u>fuimos / íbamos</u> a Nikko.
   A: ¿<u>Visitasteis / Visitabais</u> el santuario Toshogu?
   B: No, no lo <u>visitamos / visitábamos</u> porque <u>estuvo / estaba</u> cerrado.

6 質問に自由に答えなさい。 動詞を含む文にすること。 **Contesta a las preguntas. No olvides incluir un verbo.**

1. ¿A dónde fuiste en verano? _____
2. ¿Cuándo entraste en la universidad? _____
3. ¿Qué visitasteis en Barcelona? _____
4. ¿Cómo era la Sagrada Familia? _____
5. ¿Cuándo empezaste a estudiar español? _____

7 下から選んで文章を完成させなさい。 **Completa el siguiente texto con una de las opciones de abajo.**

En febrero (1)_____ el instituto. En abril (2)_____en la universidad y
(3)_____a estudiar español. En las vacaciones de verano (4)_____a Barcelona con mis
compañeros de clase. (5)_____la Sagrada Familia, (6)_____un partido de fútbol en el
Camp Nou y (7)_____y (8)_____mucho. De Barcelona (9)_____a Madrid en tren. Allí
(10)_____a una chica muy simpática. Se (11)_____Ana, (12)_____japonés y todos
los días nos (13)_____mensajes con el móvil. (14)_____que estudiar mucho español
porque (15)_____volver a España el próximo año.

(1) a. terminar   b. terminé   c. terminaba   (2) a. entrar   b. entró   c. entré
(3) a. empecé   b. empezó   c. empezaba   (4) a. fuimos   b. fui   c. ir
(5) a. visitó   b. visitamos c. visito   (6) a. vimos   b. vemos   c. vamos
(7) a. comemos   b. comimos   c. como   (8) a. bebo   b. bebió   c. bebimos
(9) a. fuimos   b. vamos   c. vimos   (10) a. conocí b. conocía c. conozco
(11)a. llamó   b. llama   c. llamas   (12) a. estudio b. estudia c. estudié
(13)a. escribo   b. escribimos c. escribir   (14) a. Tengo   b. Tenía   c. Tener
(15)a. querer   b. quería   c. .quiero

いいね！スペイン語 コンパクト版

別冊学生用練習帳 （非売品）

©2022 年 1 月 30 日 初版 発行

著 者 　　　　フアン・カルロス・モヤノ・ロペス
　　　　　　　カルロス・ガルシア・ルイス・カスティージョ
　　　　　　　廣康好美

発行者 　　　　　　　　　　　　　　　原 　雅久

発行所 　　　　　　　　　　　　　　朝日出版社
　　　　　〒101－0065東京都千代田区西神田3－3－5
　　　　　　　　　　　　　　　電話03（3239）0271
　　　　　　　　　　　　　　　FAX03（3239）0479
　　　　　　　　　　　　　　振替口座00140－2－46008
　　　　　　　　　　　　　　http://text.asahipress.com/

印刷・製本 　　　　　　　　　　信毎書籍印刷（株）

<落丁・乱丁本はお取り替えします>

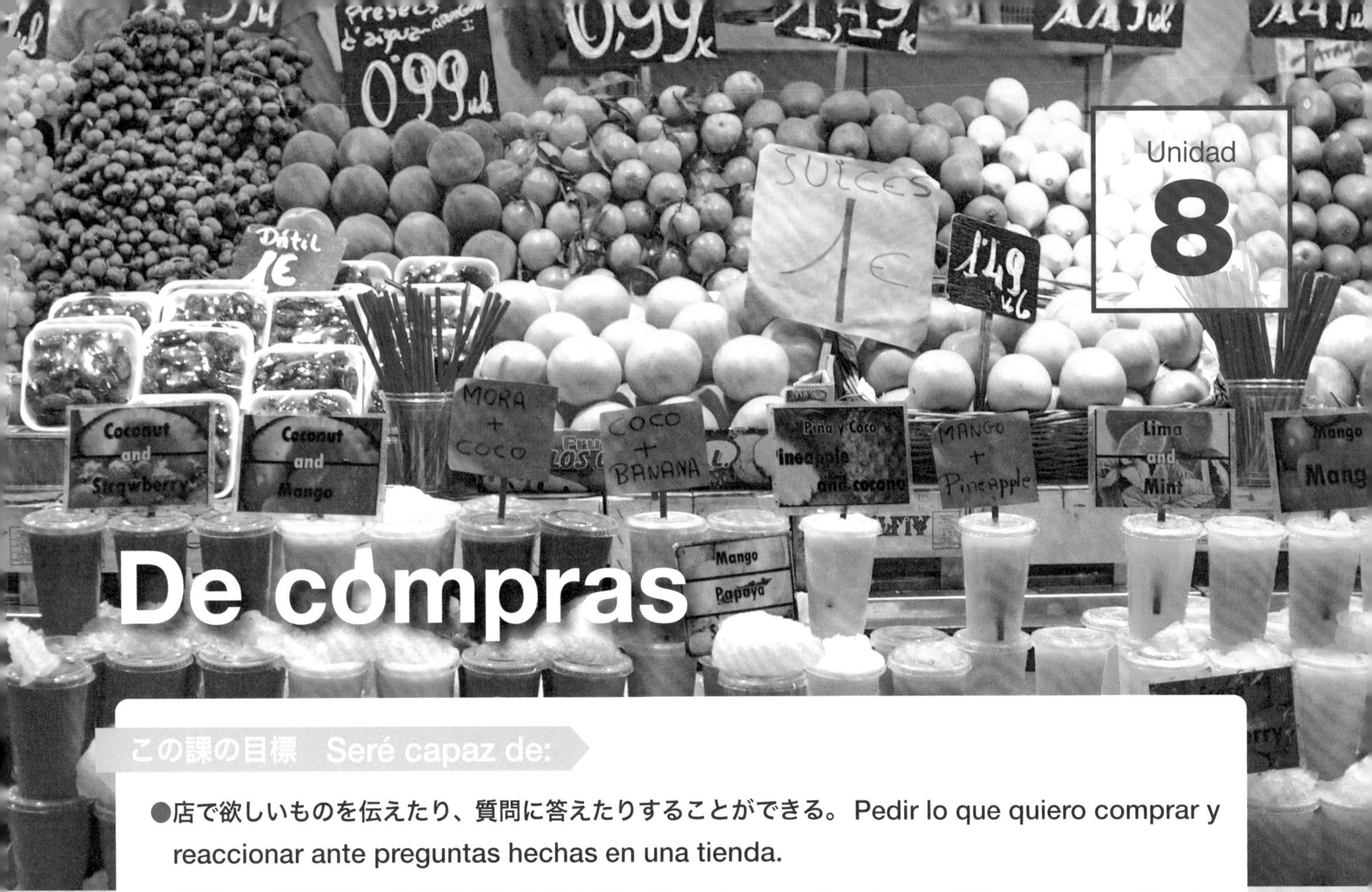

Unidad
8

De compras

この課の目標　Seré capaz de:

- 店で欲しいものを伝えたり、質問に答えたりすることができる。 Pedir lo que quiero comprar y reaccionar ante preguntas hechas en una tienda.
- 店頭での会話を聞いて理解することができる。Escuchar y entender un diálogo en una tienda.

A 53 **スペインの市場について話しています。ビデオを見て読み、写真と結びましょう。**
En un mercado de España. Mira el vídeo, lee y relaciona.

1. Compramos las lechugas y los tomates en la verdulería.
2. Compramos las naranjas y las manzanas en la frutería.
3. Compramos el pan en la panadería.
4. Compramos la carne en la carnicería.
5. Compramos el salmón en la pescadería.

a)

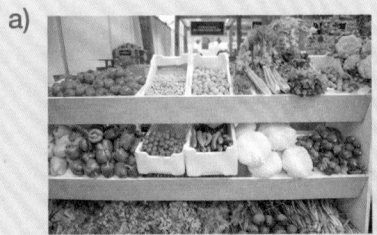

b)

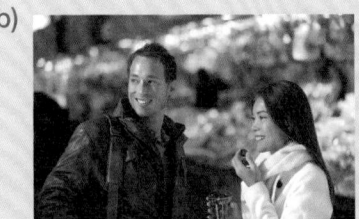

c)

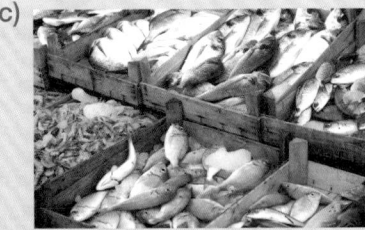

d)

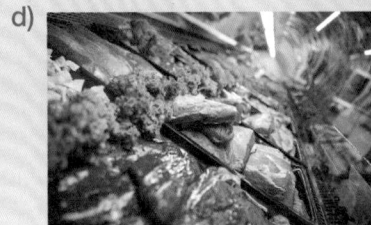

e)

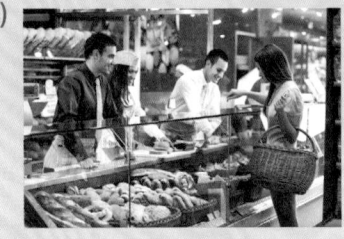

B **次のような質問をして、それに答えましょう。** Pregunta y contesta.

A: ¿Dónde compramos la carne?

B: En la carnicería.

不規則活用する動詞 1　Verbos irregulares (I)

1 A 🔊 聞いて会話を完成させましょう。Escucha y completa.

1.

Elvira: ¿Conoces la _____ Todofruta?

Pablo: No.

Elvira: Es muy buena.

2.

Pablo: ¿A qué hora cierra la frutería Todofruta?

Elvira: Cierra a las ocho y media.

Pablo: Ya son las _____. ¿Vamos?

3.

Paula: Hola.

Elvira: Hola. ¿Cuánto cuestan estas _____?

Paula: 7 euros.

1 B 活用表と文を完成させましょう。Completa la tabla y las frases.

1. Yo no _____ a María.

2. (Nosotros) no _____ al nuevo profesor.

3. Miguel no _____ España, pero sí conoce Francia.

4. A: ¿Cuánto _____ este melón?

   B: _____ 5 euros.

   A: ¿Y cuánto _____ estas naranjas?

   B: _____ 2 euros el kilo.

5. Esta frutería _____ a las ocho y media.

6. A: ¿A qué hora _____ los grandes almacenes en Japón?

   B: _____ a las nueve.

conocer 知る

conozco	conocemos
	conocéis
conoce	

costar 値段が～である

cuesta	

cerrar 閉める

cierro	cerramos
cierras	cerráis

直接目的人称代名詞　Pronombres de OD

2 A 🔊 聞いて読みましょう。Escucha y lee.

1.

Alberto: ¿Conoces la frutería Todofruta?

Sara: No, no la conozco.

2.

Jaime: Conoces a Juan Vázquez, ¿no?

Elvira: Sí, lo conozco. Es un compañero de la universidad.

2 B 売っている物と店を結びましょう。Relaciona los productos con las tiendas.

1. la fruta　　2. los libros　　3. la camisa　　4. el cuaderno　　5. los zapatos

   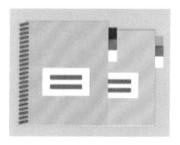 

| a) papelería | b) frutería | c) librería | d) zapatería | e) tienda de ropa |

2 C 🗣 文の構成を図で確認してから、会話を練習しましょう。 Fíjate en el uso de los pronombres de objeto directo y practica.

Modelo:

A: ¿Dónde compramos la fruta?　　B: La compramos en la frutería.

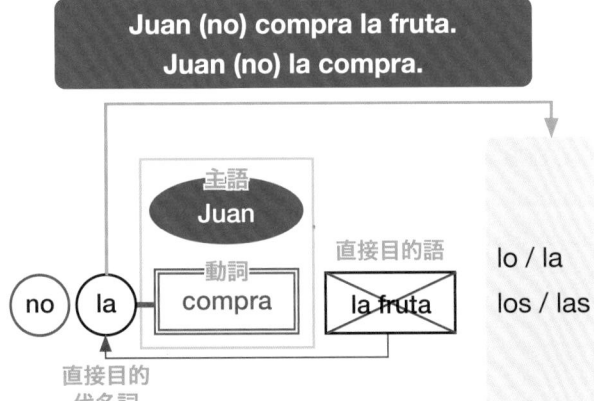

Juan (no) compra la fruta.
Juan (no) la compra.

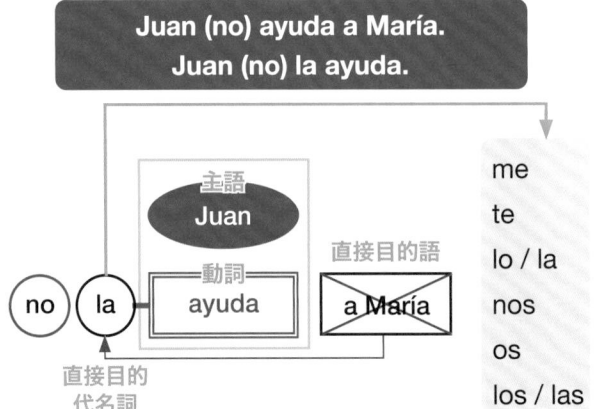

Juan (no) ayuda a María.
Juan (no) la ayuda.

me
te
lo / la
nos
os
los / las

3 A 知らない語の意味を辞書で確認しましょう。 Busca en el diccionario las palabras que no entiendes.

conocer　　invitar　　ayudar　　llamar　　querer

3 B 質問文の主語を（＿＿＿＿＿＿）に書き、質問に *sí* と *no* の両方で答えましょう。 Escribe el sujeto de la pregunta y contesta a las preguntas afirmativa y negativamente.

例）¿Me ayudas?　(＿＿tú＿＿) → Sí, te ayudo. / No, no te ayudo.

1. ¿Me invitas a la fiesta? (＿＿＿＿＿＿) →
2. ¿Nos ayudáis? (＿＿＿＿＿＿) →
3. ¿Nos invitas a tu fiesta? (＿＿＿＿＿＿) →
4. ¿Carlos llama a María? (＿＿＿＿＿＿) →
5. ¿Espera María a Carlos? (＿＿＿＿＿＿) →
6. ¿Carlos quiere a María? (＿＿＿＿＿＿) →
7. ¿Os ayuda el profesor? (＿＿＿＿＿＿) →
8. ¿Espera el profesor a los estudiantes? (＿＿＿＿＿＿) →
9. ¿Esperan los estudiantes al profesor? (＿＿＿＿＿＿) →
10. ¿Conocéis a las nuevas estudiantes? (＿＿＿＿＿＿) →

数字（100 - 999,999）　Números (100 - 999 999)

4 A 文を読み、洋服の値段に注目して、それぞれの服の名前を言いましょう。
Fíjate en los precios y di el nombre de las prendas de las fotos.

1. Esta falda cuesta cinco mil quinientos cincuenta y un yenes.
2. Estos pantalones cuestan trece mil ciento diez yenes.
3. Estos zapatos cuestan ocho mil novecientos cuarenta y nueve yenes.
4. Este traje cuesta noventa y cinco mil yenes.

13 110 ¥　　95 000 ¥

5551 ¥

8949 ¥

4 B 56🔊 聞いて、空欄を埋めましょう。 Escucha y completa.

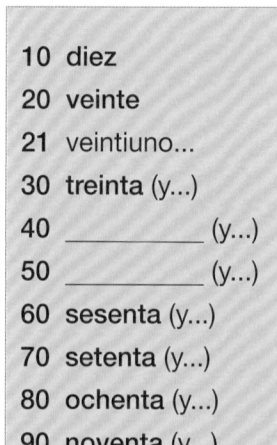

| 10 diez |
| 20 veinte |
| 21 veintiuno... |
| 30 treinta (y...) |
| 40 _____ (y...) |
| 50 _____ (y...) |
| 60 sesenta (y...) |
| 70 setenta (y...) |
| 80 ochenta (y...) |
| 90 noventa (y...) |

100 cien
101 ciento uno

500
_____

700	900
setecientos	_____

200, 300, 400, 600, 800
doscientos, trescientos,
cuatrocientos, seiscientos,
ochocientos

1000
mil

2000	dos mil
3000	tres mil
10 000	diez mil
22 000	veintidós mil

151 502
ciento cincuenta y **un** mil
quinientos dos

4 C 57🔊 数字を聞いて、算用数字で書きましょう。 Escucha y escribe en números arábigos.

a)	b)	c)	d)

4 D 58🔊 👥 数字を読み、聞いて確認しましょう。 Lee los números. Escucha y comprueba.

a) 1176	b) 6529	c) 65 291	d) 751 915

色 Colores

5 A 👥 ペアで色の名前を想像して枠内から選び、色の上に書きましょう。Usa tu imaginación. Lee los nombres de los colores y escríbelos sobre el color correspondiente.

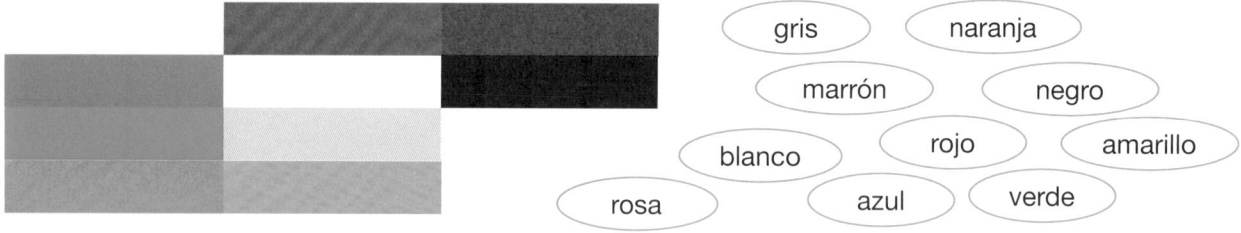

gris　naranja　marrón　negro　blanco　rojo　amarillo　rosa　azul　verde

5 B 確認しましょう。Comprueba.

A	rojo	negro	amarillo	blanco			rojo, roja, rojos, rojas
B	azul	verde	naranja	marrón	rosa	gris	azul, azules　rosa, rosas

5 C 適切な形で色を書きなさい。Completa con los colores.

1. un traje _____
2. unas faldas _____
3. unos pantalones _____
4. unos zapatos _____
5. una camiseta _____
6. unas gafas _____
7. un vestido _____
8. una camisa _____
9. una camisa _____
10. unas gafas _____

序数　Numerales ordinales

6 A 正しければVに、間違っていればFに○をしましょう。Lee y marca
verdadero o falso.

1. El supermercado está en el sótano. （V / F）
2. Puedo comprar un CD en la planta baja. （V / F）
3. La ropa de hombre está en el primer piso. （V / F）
4. En el tercer piso hay una cafetería. （V / F）
5. La sección de música está en el quinto piso. （V / F）
6. Hay una zapatería en el cuarto piso. （V / F）

	5
CAFETERÍA Y RESTAURANTE	5
ZAPATERÍA Y DEPORTES	4
ROPA DE NIÑO Y JUGUETES	3
ROPA DE HOMBRE	2
ROPA DE MUJER	1
MÚSICA	B
SUPERMERCADO	S

6 B 🔊 59 表を完成させましょう。聞いて確認しましょう。Completa.
Escucha y comprueba.

男性 Mas.			女性 Fem.	
1°	primero	primer	1ª	primera
2°	segundo		2ª	segunda
3°	tercero	tercer	3ª	tercera
4°			4ª	cuarta
5°			5ª	quinta

男性 Mas.		女性 Fem.	
6°		6ª	sexta
7°	séptimo	7ª	
8°		8ª	octava
9°	noveno	9ª	
10°	décimo	10ª	

primero, tercero は男性名詞の前に置かれると primer, tercer になります。

不定語　Indefinidos

7 A 文を表の中に分類して書きましょう。Lee y clasifica las frases en la tabla.

名詞を修飾する不定語 Indefinidos que modifican un sustantivo	形容詞を修飾する不定語 Indefinidos que modifican un adjetivo
mucho / mucha / muchos / muchas	muy
Hay muchas personas en la planta baja.	
más... (que...)	más... (que...)

1. Hay muchas personas en la planta baja.
2. Este melón es más caro que ese.
3. Hay más hoteles en Barcelona que en Figueras.
4. Esta universidad es muy famosa.
5. En Barcelona hay muchos monumentos de Gaudí.
6. Estos tacos son muy buenos.
7. Las naranjas son más baratas que los melones.
8. Quiero más café.

7 B 適切な不定語を入れて文を完成させましょう。Completa.

1. Voy a comprar una falda _____ barata que esta.
2. En este supermercado venden _____ frutas tropicales.
3. A María le gusta mucho leer. Compra _____ libros.
4. José es un chico _____ elegante.
5. En el segundo piso hay _____ camisas que en la tienda de ropa Sara.

Unidad 8

買い物 De compras

8 相手に単位あたりの値段を聞きましょう。また相手の質問に答えましょう。Pregunta el precio. Contesta.

Modelo:
A: ¿Cuánto cuesta la barra de pan?　　B: Cuesta sesenta céntimos.

Alumno A　　　　　　　　　　　　　　　Alumno B → p.74

　1. barra de pan　　2. naranjas 1,50€/kg　　3. manzanas

　4. leche 1,25€　　5. carne _____　　6. salmón 16€/kg

0,25€	veinticinco céntimos
7€	siete euros
3,50€	tres euros con cincuenta
6€/kg	seis euros el kilo

9 A 下の表を参考にして、モデルのような会話をしましょう。Habla con tu compañero.

un vestido, un traje	⇒ lo
una falda, una camisa	⇒ la
unos pantalones, unos zapatos	⇒ los
unas gafas	⇒ las

Modelo:
A: Quiero unos zapatos.
B: ¿De qué color los quieres?
A: Los quiero rojos.

9 B 会話を読んで空欄に直接目的人称代名詞を書きましょう。Completa con el pronombre de OD adecuado.

1.

5100 ¥

3600 ¥

● ¿Te gustan estas camisas?
○ Sí, la azul me gusta mucho.
● La roja también es muy bonita.
○ Sí, pero es más cara.
● ¿Cuánto cuesta la azul?
○ Cuesta tres mil seiscientos yenes.
　Me gusta. ___ compro.

2.

7275 ¥

4990 ¥

● Quiero unos pantalones.
▲ ¿De qué color ___ quieres?
● ___ quiero blancos.
▲ ¿Te gustan estos?
● No mucho. ¿Tienes otros más modernos?

● ○ : Clientes 客　▲ : Dependiente 店員

9 C 聞いて確認してから、似たような会話を練習しましょう。Escucha y comprueba. Después practica diálogos similares con tu compañero.

ビデオ

ビデオを見て、指示に従いましょう。Mira el vídeo y sigue las instrucciones.

¡A comer!

この課の目標　Seré capaz de:

● スペイン語圏の食べ物について話したり尋ねたりすることができる。 Hablar y preguntar sobre comidas del mundo hispano.

● 食べたいもの飲みたいものを頼むことができる。Pedir lo que quiero comer y beber.

A ▶ 🔊 **スペインとメキシコの料理の話です。ビデオを見て読みましょう。** Comidas del mundo hispano. Mira el vídeo y lee.

1. Hola, me llamo Carlos y trabajo en un restaurante español. Os recomiendo mi tortilla de patatas, está muy rica.

2. Hola, yo soy Roberto. Los mexicanos comemos tortilla de maíz casi todos los días. ¿Quieres probarla?

B 👥 **スペイン語圏の他の料理を知っていますか。名前と国を言いましょう。** ¿Conoces otras comidas del mundo hispano? Di el nombre y de dónde son.

C 👥 **A の例を参考にして日本料理についての説明をしましょう。** Haz frases similares a las del punto **A** sobre comidas japonesas.

不規則活用する動詞 2　Verbos irregulares (II)

1 A 🔊 聞いて読みましょう。Escucha y lee.

1. Te recomiendo este restaurante. La paella es excelente.
2. A: ¿Cuál es el número de teléfono del restaurante?

   B: Pues... no lo sé.
3. Lo siento. El domingo no puedo ir contigo porque tengo

   que estudiar.
4. A: ¿Qué pedimos?

   B: Una ensalada y un poco de jamón.
5. Camarero, ¿me trae un poco de pan, por favor?
6. Me encanta este restaurante. Vengo mucho.
7. A: No me gusta nada la paella.　B: ¿Qué dices? Está muy buena.
8. A: Toma, te doy mi helado, no puedo comer más.　B: Muchas gracias.

1 B まず自分で活用表を完成させてから先生に確認しましょう。Completa. Comprueba con el profesor.

recomendar 推薦する

recomiendo	recomendamos

poder 可能である

puedo	
	podéis

pedir 頼む

pido	pedimos
pides	

saber 知っている

sé	sabemos

dar 与える

doy	
da	

traer 持ってくる

traigo	
	traen

decir 言う

digo	
dices	decís
	dicen

venir 来る

vengo	venimos
viene	vienen

1 C **1**Bの動詞から選んで適切な形に活用させ、文を完成させましょう。Completa con los verbos adecuados de **1** B.

1. A: ¿Es bueno este restaurante?

   B: Sí, los domingos siempre _____ con mi familia. Yo siempre como paella.
2. A: Quiero reservar una mesa en el restaurante, pero no _____ el número de teléfono.

   B: Lo _____ buscar en internet.
3. A: En Japón (nosotros) _____ "itadakimasu".

   B: En España (nosotros) _____ "que aproveche" cuando otra persona come.
4. En el centro de Madrid hay un nuevo restaurante de sushi. La televisión lo _____.
5. A: ¿Me _____ un poco de helado?

   B: ¿Por qué no _____ uno?

   A: Camarero, me _____ un helado de chocolate, por favor.

直接目的人称代名詞と間接目的人称代名詞　Pronombres de OD y OI

2 A 図を見て、下線部に間接目的人称代名詞を入れましょう。また（＿＿＿＿）には文の主語を書いて
ください。Lee las frases. Primero escribe el sujeto en (_____) y después completa con el pronombres de OI.

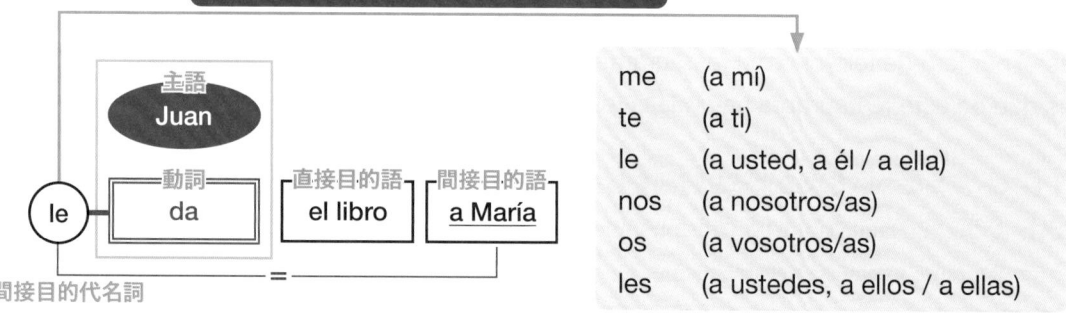

Juan le da el libro a María.

主語
Juan

動詞　直接目的語　間接目的語
le　da　el libro　a María

間接目的代名詞　＝

me	(a mí)
te	(a ti)
le	(a usted, a él / a ella)
nos	(a nosotros/as)
os	(a vosotros/as)
les	(a ustedes, a ellos / a ellas)

1. Juan __le__ da el libro a María. (__Juan__)
2. _____ damos el libro a María. (_____)
3. ¿_____ das el libro (a mí)? (_____)
4. ¿Vosotros _____ recomendáis esta cafetería (a mí)? (_____)
5. _____ recomendáis esta cafetería a Juan y a María. (_____)
6. _____ recomendamos esta cafetería a vuestros amigos. (_____)
7. El camarero _____ trae la comida (a nosotros). (_____)
8. Tú _____ traes café a tus amigos. (_____)
9. _____ traigo café (a vosotros). (_____)
10. _____ traemos café (a ti). (_____)

2 B 図を見て質問に肯定、否定の両方で答えましょう。（＿＿＿＿）には答えの文の主語を書きましょう。
Mira y contesta con los pronombres adecuados afirmativa y negativamente. Escribe el sujeto de la respuesta en
(_____).

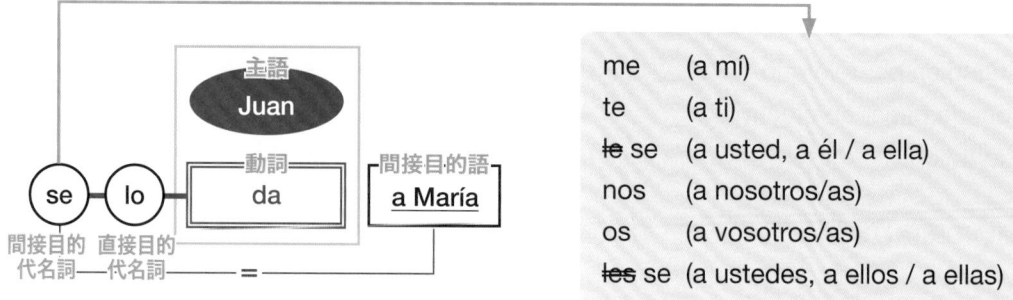

¿Juan le da el libro a María?
Sí, le da el libro. → Sí, se lo da.

主語
Juan

動詞
se　lo　da　間接目的語
a María

間接目的　直接目的
代名詞　代名詞　＝

me	(a mí)
te	(a ti)
~~le~~ se	(a usted, a él / a ella)
nos	(a nosotros/as)
os	(a vosotros/as)
~~les~~ se	(a ustedes, a ellos / a ellas)

1. A: ¿Juan le da el libro a María?　B: (__Juan__) Sí, se lo da. / No, no se lo da.
2. A: ¿Le damos el libro a María?　B: (_____)
3. A: ¿Me das el libro?　B: (_____)
4. A: ¿Vosotros me recomendáis esta cafetería?　B: (_____)
5. A: ¿Les recomendáis esta cafetería a Juan y a María?　B: (_____)
6. A: ¿Les recomendamos esta cafetería a vuestros amigos?　B: (_____)
7. A: ¿El camarero nos trae la comida?　B: (_____)
8. A: ¿Tú les traes café a tus amigos?　B: (_____)

動詞 *saber* と *poder* Verbos *saber* y poder

3 A 質問と答えを結びましょう。 Relaciona las dos columnas.

1. ¿Sabes cocinar?
2. ¿Sabes a qué hora cierra el restaurante El Mar?
3. ¿Sabes si es muy caro?
4. ¿Sabes el número de teléfono del restaurante?
5. ¿Sabes que en este restaurante hay paella los domingos?

- a) No, no sé.
- b) Sí, es el 91 3457 3456.
- c) Sí, cierra a las doce.
- d) No, es bastante barato.
- e) ¿Ah, sí? ¡Qué bien!

3 B レストランについて次のような質問をし、否定で答えましょう。 Pregunta sobre las siguientes informaciones de un restaurante y contesta negativamente.

> **Saber y conocer**
>
> A: ¿Conoces a María?
> B: Sí, la conozco.
> A: ¿Sabes su número de teléfono?
> B: No, no lo sé.

Modelo:

A: ¿Sabes cuánto cuesta el menú del día?
B: No, no sé cuánto cuesta el menú del día.

1. ¿Cuánto cuesta el menú del día?
2. ¿Cuál es la especialidad?
3. ¿Dónde está?
4. ¿Cómo es?
5. ¿Abre todos los días?
6. ¿Es caro o barato?

4 A 読んで、動詞 *poder* の様々な用法に注目しましょう。 Fíjate en los siguientes usos de *poder*.

可能性 Posibilidad	a) No puedo ir al restaurante porque tengo que trabajar.
	b) ¿Puedo hacer la reserva por internet?
	c) ¿Puedo pagar con tarjeta de crédito?
許可 Permiso	d) ¿Puedo fumar aquí?
	e) ¿Puedo ir al servicio?
依頼 Pedir un favor	f) ¿Puede traer más pan?

4 B 4Aの応答として当てはまる文を選びましょう。 Relaciona las respuestas con las frases de 4 A.

1. Sí, claro, también por teléfono.
2. Sí, está allí.
3. No, solo puede pagar en efectivo.
4. ¡Qué pena!
5. Sí, ahora lo traigo.
6. Lo siento, no puede.

4 C 🔊 聞いて確認しましょう。 Escucha y comprueba.

5 A 🔊 🗣 聞いて読みましょう。 Escucha y lee.

Yuka: Quiero probar la tortilla española. ¿Sabes hacerla?
Juana: Sí, sé hacerla.
Yuka: ¿Por qué no la hacemos mañana en mi casa?
Juana: Lo siento, mañana no puedo. Tengo que trabajar.

5 B 🗣 *saber* + 不定詞と、*poder* + 不定詞の意味の違いは何でしょうか。 ¿Qué diferencia hay entre *saber* + infinitivo y *poder* + infinitivo?

5 C 🔊 🗣 動詞*saber*か*poder*の適切な形を入れましょう。聞いて確認しましょう。Completa con *saber* o *poder*. Escucha y comprueba.

1. A: ¿Vamos a un restaurante francés esta noche?
   B: Pero, ¿tú _____ hablar francés?
   A: Sí, lo estudio en la universidad.
   B: ¿Ah sí? ¿_____ pedir en francés?
   A: Claro. ¿Qué quieres cenar?

2. A: _____ tocar la guitarra, ¿no?
   B: Sí, _____ tocar la guitarra bastante bien.
   A: ¿Quieres tocar con nosotros? El sábado tenemos un concierto en el bar La Luna y nuestro guitarrista no _____ venir.
   B: ¿Este sábado? Lo siento, no _____.

tampoco
〜もまた〜でない

A: Yo no puedo ir.
B: Yo no puedo ir tampoco.
= Yo tampoco puedo ir.

動詞 *ser* + 形容詞と *estar* + 形容詞　*ser* y *estar* + adjetivo

6 A 表に次の形容詞を入れましょう。Completa la tabla con los siguientes adjetivos.

pequeño　moderno　caro (2)　cerrado　frío　bueno　malo (2)

	Restaurante	Comida
	El restaurante es...	**El gazpacho es...**
性質 Características	- grande / _____ - _____ / tradicional - sofisticado - _____ / barato - bueno / _____	- _____（品質）/ malo - delicioso - _____ / barato
	El restaurante está...	**El gazpacho está...**
状態 Estados	- abierto / _____ - lleno / vacío	- bueno（味）/ _____ - caliente / _____

6 B 動詞 *ser* または *estar* のいずれかを入れて会話を完成させましょう。Completa con *ser* o *estar*.

1. A: ¡Ay! Este café _____ muy caliente.　B: Claro. Tienes que esperar un poco.
2. Normalmente el vino de este restaurante _____ muy bueno y muy barato.
3. A: ¿Siempre hay muchos clientes en este restaurante?
   B: Sí. _____ muy bueno y un poco pequeño, por eso siempre _____ lleno.
4. A: ¿Qué tal está tu comida?　B: ¡_____ muy buena!
5. A: ¿Vamos a comer?　B: Es muy pronto, el restaurante todavía no _____ abierto.

レストラン、バル、カフェテリアで　En un restaurante, un bar o una cafetería

7 A 読んで、料理や飲み物の名前を書いて会話を完成させましょう。Lee y completa los diálogos con el nombre de una de las comidas o bebidas.

Primeros	Segundos	Postres
sopa de marisco	paella	helado de chocolate
ensalada mixta	ternera con patatas	flan

1.　　　　En un restaurante español

Camarero: ¿Qué van a tomar de primero?
Ricardo:　_____.
Paloma:　Para mí, _____.
Camarero: ¿Y de segundo?
Ricardo:　_____.
Paloma:　_____.

Camarero: ¿Qué quieren de postre?
Paloma:　Para mí, _____.
Ricardo:　Un _____, por favor.

Ricardo:　La cuenta, por favor.
Camarero: Aquí la tienen.

vino tinto　cerveza　　pulpo a la gallega　tortilla de patatas

2.　　　　En un bar de tapas

Camarero: Buenas tardes. ¿Qué les pongo?
Eduardo:　Una _____, por favor. Y de tapa...
　　　　　_____.
Elena:　　Para mí, _____ y _____.

chocolate con churros　tarta de queso　café con leche

3.　　　　En una cafetería

Camarera: Hola.
Ismael:　Hola, un _____ y tarta de queso.
Carlos:　Yo, un _____ con churros.

7 B 🔊 66 ~ 🔊 68 会話を聞いて、それぞれの料理を頼む人の名前を写真の下に書きましょう。Escucha los diálogos y escribe debajo de cada plato el nombre de la persona que lo pide.

7 C 👥 **7** A の会話をペアで練習しましょう。Practica los diálogos de **7** A con tu compañero.

ビデオ

▶ ビデオを見て、指示に従いましょう。Mira el vídeo y sigue las instrucciones.

Los mexicanos se levantan pronto

この課の目標　Seré capaz de:

- 1日の生活について情報交換ができる。Intercambiar información sobre la vida diaria.
- 天候についてのやり取りができる。Hablar y preguntar sobre el clima.
- スペイン語圏の祭りやその他の文化的行事について読んで理解できる。Leer y entender sobre fiestas u otras manifestaciones culturales de los países hispanos.

A ▶️ 🔊69 メキシコ人のRaúlの話です。ビデオを見て読みましょう。正しい方に ✓ しましょう。Mira el vídeo y marca las frases correctas.

1. ☐ México está en América, al norte de Estados Unidos.
   ☐ México está en América, al sur de Estados Unidos.
2. ☐ Los mexicanos son muy trabajadores y muy alegres.
   ☐ Los mexicanos no son muy trabajadores ni muy alegres.
3. ☐ Se levantan muy pronto, a las seis de la mañana.
   ☐ Se levantan muy tarde, a las ocho de la mañana.
4. ☐ El Día de Muertos se celebra en México en marzo.
   ☐ El Día de Muertos se celebra en México en noviembre.

B ▶️ 🔊70 👥 Raúlの質問に答えましょう。Contesta a las preguntas de Raúl.

1. ¿Dónde está Japón?

2. ¿Cómo son los japoneses?

3. ¿A qué hora se levantan los japoneses?

4. ¿Puedes decirme el nombre de una fiesta japonesa famosa?

代名動詞　Verbos pronominales

1 A 🔊 聞いて読み、当てはまる動詞を書きましょう。 Escucha, lee y completa.

Normalmente Natalia se levanta a las siete y media de la mañana. Por la noche, se acuesta a las doce. Duerme siete horas y media.

Natalia _____ a las siete y media.

Natalia _____ a las doce.

1 B 👤 起きる時間、寝る時間について、話しましょう。
Habla con tu compañero.

Modelo:
A: ¿A qué hora te levantas normalmente?
B: Me levanto a las ocho.
A: ¿A qué hora te acuestas?
B: Me acuesto a las doce y media.

¿A qué hora se levanta Natalia?
Se levanta a las siete y media.

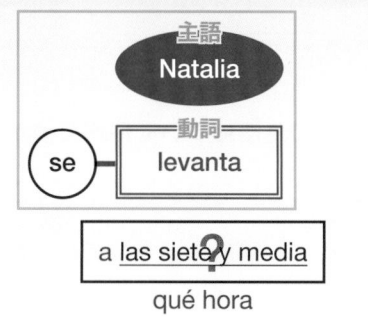

1 C 👥 **1** Bで話した、あなた自身とペアの相手の起きる時間と寝る時間について、他の人に伝えましょう。 Di la información de **1** B a otros compañeros.

Modelo:
Yo normalmente me levanto a las ocho y me acuesto a las doce y media. Duermo siete horas y media.
Ryo se levanta a las seis y se acuesta a las doce. Duerme seis horas.

2 A 写真を見て意味を確認し、活用表を完成させましょう。 Mira las fotos y completa la tabla de conjugación.

1.

ducharse

2.

bañarse

3.
maquillarse

4.

afeitarse

5.

despertarse

6.

sentarse

7.

vestirse

8.
lavarse los dientes

9.

ponerse la chaqueta

levantarse	
me levanto	nos levantamos
te levantas	os levantáis
se levanta	se levantan

ponerse	
me pongo	

despertarse (e→ie)	
me despierto	nos despertamos

sentarse (e→ie)	
me siento	
	os sentáis

acostarse (o→ue)	
	nos acostamos
	os acostáis
	se acuestan

vestirse (e→i)	
te vistes	os vestís

2 B 🎧 活用を練習しましょう。Practica la conjugación.

Modelo:

A: Tú, levantarse. B: Te levantas.

A: Ellos, acostarse. B: Se acuestan.

3 A 代名詞を入れて文を完成させましょう。Completa con el pronombre.

1. Mis padres _____ despiertan a las siete.

2. A: ¿A qué hora _____ levantáis? B: _____ levantamos a las ocho.

3. Mi hermano no _____ sienta para desayunar porque no tiene tiempo por la mañana.

4. Yo primero _____ ducho, después _____ visto, luego desayuno y salgo de casa.

5. A: ¿ _____ acuestas pronto o _____ acuestas tarde? B: Depende.

3 B 直接目的語を伴う代名動詞の使い方に注目して読みましょう。
Fíjate en el uso de pronominales con OD.

Yo me lavo la cara.

Yo me lavo la cara.	→	Nosotros nos lavamos la cara.
Tú te lavas los dientes.	→	Vosotros os laváis los dientes.
Él se pone la chaqueta.	→	Ellos se ponen la chaqueta.

主語
Yo

動詞
me lavo

直接目的語
la cara

3 C 動詞を適切な形にして文を完成させましょう。Completa.

1. A: ¿A qué hora _____ (acostarse) ustedes?

   B: No muy tarde. Normalmente _____ a las once.

2. A: ¿Dónde _____ (sentarse) Miguel en clase?

   B: Es muy buen estudiante. _____ muy cerca de la profesora.

3. Para hacer deporte _____ (yo, ponerse) lentes de contacto, pero para ir a clase _____ gafas.

4. Por la mañana, _____ (yo, lavarse) la cara, _____ (vestirse) y desayuno.

5. A: ¿Cúantas veces al día _____ (vosotros, lavarse) los dientes?

   B: _____ los dientes tres veces al día.

4 A 右の表を参考に、動詞を適切な形にして文を完成させましょう。Mira la tabla y completa.

1. Mañana voy a _____ (levantarse) pronto porque quiero _____ (estudiar) por la mañana.

querer levantarse 起きたい	
quiero levantarme	queremos levantarnos
quieres levantarte	queréis levantaros
quiere levantarse	quieren levantarse

2. Esta noche tienes que _____ (acostarse) pronto.

3. ¡Niños! Tenéis que _____ (lavarse) los dientes después de comer.

4. Normalmente María se pone gafas pero hoy va a _____ (hacer) deporte y prefiere _____ (ponerse) lentes de contacto.

5. No podemos _____ (sentarse) en el tren porque hay mucha gente.

4 B 次の２つの動作をする順番について例のようにそれぞれ３通りの文を書きましょう。

Escribe 3 tipos de frases como el modelo.

yo   desayunar   ➡   lavarse los dientes

> Desayuno. Después me lavo los dientes.
> Desayuno antes de lavarme los dientes.
> Me lavo los dientes después de desayunar.

1. María   ducharse → desayunar
2. Nosotros   lavarse los dientes → acostarse

5 A 読んで、それぞれの動詞の使い方を考えましょう。Lee.

a) escribir / escribirse   b) querer / quererse   c) conocer / conocerse

Alicia escribe a Carmen y Carmen escribe a Alicia.

Diego quiere a Marina y Marina quiere a Diego.

Ramón conoce a Rodrigo y Rodrigo conoce a Ramón.

Alicia y Carmen se escriben.

Diego y Marina se quieren.

Ramón y Rodrigo se conocen.

5 B 読みましょう。Lee.

ir / irse	
ir	Voy a España. / Vamos a la universidad.
	→ 目的地を言う Decir el destino.
irse	Me voy. Adiós. / Nos vamos de viaje.
	→ この場からいなくなることを言う Decir que se marcha.

5 C 右から適切な動詞を選んで文を完成させましょう。 Completa con los verbos del recuadro.

1. Juana y yo _____ casi todos los días.
2. A: ¿Te vas? B: Sí, _____. Adiós.
3. Si vas a la fiesta puedes _____ a muchas personas.
4. Hoy mis hijos no _____ a la escuela.
5. Mi novio y yo _____ mucho.

escribir / escribirse
querer / quererse
conocer / conocerse
ir / irse

天気　Tiempo atmosférico

6 A 🔊 マドリッド、東京、ボゴタの８月、９月の天気についての会話を聞いて読み、表に*sí*か*no*を書きましょう。 Escucha, lee y escribe *sí* o *no* en la tabla.

Claudio: ¡Qué calor!
Julián: Sí, en Madrid hace mucho calor en verano.
Daichi: En Tokio también. Llueve mucho en verano, especialmente en septiembre.
Julián: En Madrid llueve muy poco.
Claudio: En Bogotá no hace mucho calor en agosto. Tampoco llueve mucho.

Hace mucho calor.

Madrid	Sí
Tokio	
Bogotá	

Llueve mucho.

Madrid	
Tokio	
Bogotá	

6 B 当てはまる図の記号を書きましょう。 Relaciona.

Hace	(mucho) calor.	
	(mucho) frío.	
	sol.	
	(muy) buen tiempo.	
	(muy) mal tiempo.	
	25 grados.	
Llueve (mucho).		
Nieva (mucho).		
Está nublado.		

a) 寒い b) 暑い c) 天気が良い d) 天気が悪い

e) 25度 f) 日が照っている g) くもっている h) 雨がふる i) 雪が降る

6 C 次の表現を使って、日本の気候について文章を書きましょう。 Escribe un texto sobre el clima de Japón. Puedes usar estas expresiones.

en Japón　en el norte　en primavera　en enero
en Kioto　en el sur　en verano　en febrero
Okinawa　en el este　en otoño　en marzo
...　en el oeste　en invierno　...

Unidad 10

日常生活　Vida diaria

7 次のことを行うかどうか、行う場合はいつか、またどのくらいの頻度かなどを質問しましょう。相手の質問に答えるだけではなく、コメントや別の質問をして会話を続けましょう。Pregunta a tu compañero si hace las actividades del recuadro y cuándo o con qué frecuencia las hace. Continúa la conversación añadiendo comentarios y nuevas preguntas.

levantarse	acostarse	maquillarse	afeitarse	lavarse los dientes	bañarse
ducharse	desayunar	comer	cenar	vestirse	

Modelo 1:

A: ¿A qué hora te levantas?

B: Normalmente me levanto a las seis y media, pero los sábados y los domingos me levanto más tarde, a las nueve o las diez.

Modelo 2:

A: ¿Te bañas o te duchas?　　　B: Normalmente me baño.

A: ¿Cuándo te bañas?　　　B: Me baño después de cenar.

A: ¿Te afeitas todos los días?　　　B: No, me afeito dos o tres veces a la semana.

祭りや行事　Fiestas

8 A 🔊 聞いて文章を読み、質問に答えましょう。Escucha, lee y contesta a las preguntas.

México está en América, al sur de Estados Unidos. Tiene unos 120 millones de habitantes. Los mexicanos son muy educados, muy trabajadores y muy alegres. Se levantan muy pronto para ir a trabajar o a estudiar. Les gustan mucho las fiestas y la música. Una de las fiestas más famosas de México es el Día de Muertos. Se celebra el uno y dos de noviembre.

1. ¿Qué país es?

2. ¿Dónde está?

3. ¿Cuántos habitantes tiene?

4. ¿Cómo son las personas del país?

5. Una costumbre del país.

6. Una fiesta famosa. ¿Cuándo se celebra?

8 B 自分の国、またはイスパノアメリカの別の国について**8**Aのような文章を書き、教室で発表しましょう。Escribe un texto como el de **8**A sobre tu país o sobre otro país de Hispanoamérica y preséntalo de forma oral.

ビデオ

▶️ ビデオを見て、指示に従いましょう。Mira el vídeo y sigue las instrucciones.

Estoy muy contenta

この課の目標　Seré capaz de:

● 体調や気分について尋ねたり話したりすることができる。Preguntar y hablar sobre el estado físico o el estado de ánimo.

● 体の痛い場所や体調について説明することができる。Explicar qué me duele y cómo me encuentro.

● 健康的な生活をおくるためのアドバイスをすることができる。Dar consejos para llevar una vida sana.

A 体調についての会話です。ビデオを見て読みましょう。写真と結びましょう。
¿Cómo están? Mira el vídeo, lee y relaciona los diálogos con las fotos.

1.

Diego:	¡Hola! ¿Cómo estás?
Adriana:	Regular.
Diego:	¿Qué te pasa?
Adriana:	Es que me duele mucho la cabeza.

b)

2.

| Fernando: | ¡Hola! ¿Cómo estás? |
| Lucía: | Muy bien. Estoy muy contenta. ¡Tengo A en el examen de inglés! |

a)

3.

Lorena:	Tengo mucho sueño.
Jesús:	¿Sí? ¿Duermes poco?
Lorena:	Sí, tengo muchos exámenes.

c)

B ビデオと同じような会話をしましょう。Haz diálogos similares con tus compañeros.

動詞 *estar* + 形容詞（体調や気分） *estar* + adjetivo (estados físicos y de ánimo)

1 A 🔊 聞いて読み、形容詞の形に注意して、写真に当てはまる形容詞を書きましょう。Escucha, lee y escribe los adjetivos correspondientes.

1. Hanako está un poco aburrida. 2. Isabel está cansada. 3. Julián está muy contento.

4. Elena y Bernardo están resfriados. 5. Mi perro está un poco triste.

a)    b)    c)    d)    e)

aburrida

1 B 👥 **1** Aから形容詞を１つ選びましょう。モデルのように形容詞をひとつずつ使って聞いていき、ペアの相手が選んだ形容詞を当てましょう。形容詞の形に注意して下さい。Elige un estado. Pregunta a tu compañero usando los adjetivos de arriba hasta acertar el que ha elegido.

Modelo:

A: ¿Estás triste? B: No, no estoy triste.

A: ¿Estás contenta? B: Sí, estoy contenta.

2 👥 それぞれの人の体調についてペアの相手の質問に答えましょう。またペアの相手にそれぞれの人の体調を尋ねましょう。Pregunta a tu compañero y contesta a sus preguntas sobre el estado de cada persona.

Modelo:

A: ¿Cómo está Raquel? B: Creo que está triste.

Alumno A   Alumno B → p. 74

1. Vicente   2. Raquel   3. Juan y Laura   4. Borja e Inés   5. Luis y Belén

   ¿?

6. Paula   7. tus hermanos   8. tus padres   9. Marta y tú   10. Ken y tú

      ¿?      ¿?

動詞 *estar / encontrarse* + 副詞 *bien*   *estar* y *encontrarse* + *bien*

3 代名動詞*encontrarse*を使って書き換えましょう。
また、否定で答えましょう。 Reescribe las frases usando
el verbo *encontrarse*. Luego contesta negativamente.

encontrarse	
me encuentro	nos encontramos
te encuentras	os encontráis
se encuentra	se encuentran

例）¿Estás bien?   →   Pregunta: ¿Te encuentras bien?

Respuesta: No, no me encuentro muy bien.

1. ¿María está bien?   P: _____   R: _____
2. ¿Tus padres están bien?   P: _____   R: _____
3. ¿Estáis bien?   P: _____   R: _____
4. ¿Está usted bien?   P: _____   R: _____

動詞 *tener* + 名詞（感覚）   *tener* + sustantivo (sensaciones físicas)

4 A 🔊 下線部に写真の語を入れて文を完成させましょう。知らない語は辞書で調べましょう。聞いて確
認しましょう。 Completa las frases. Puedes usar el diccionario. Después, escucha y comprueba.

1. Mario está en el gimnasio y hace deporte. Ahora tiene mucha _____.
2. Julia no tiene aire acondicionado en casa. Tiene mucho _____.
3. Pablo está resfriado. Tiene un poco de _____.
4. Susana está resfriada. Tiene un poco de _____.
5. Lorena tiene exámenes y no tiene tiempo para dormir mucho. Tiene mucho _____.
6. Laura tiene mucha _____. No hay nada de comer en casa.

4 B **4**Aに出てきた、それぞれの人の名前を書きましょう。 Escribe el nombre de cada persona.

a) _____   b) _____   c) _____

mucho sueño   mucha hambre   mucha sed
un poco de sueño   un poco de hambre   un poco de sed

d) _____   e) _____   f) _____

 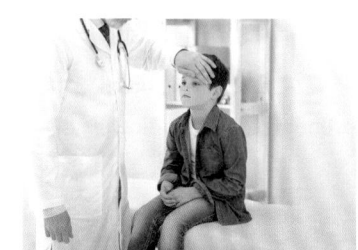

mucho frío   mucho calor   mucha fiebre
un poco de frío   un poco de calor   un poco de fiebre

動詞 *doler*　Verbo *doler*

5 🔊 写真の人の名前を書きましょう。Escucha, lee y escribe los nombres de cada persona.

a)

b)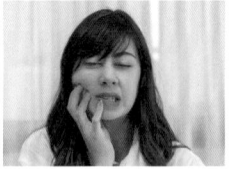

c)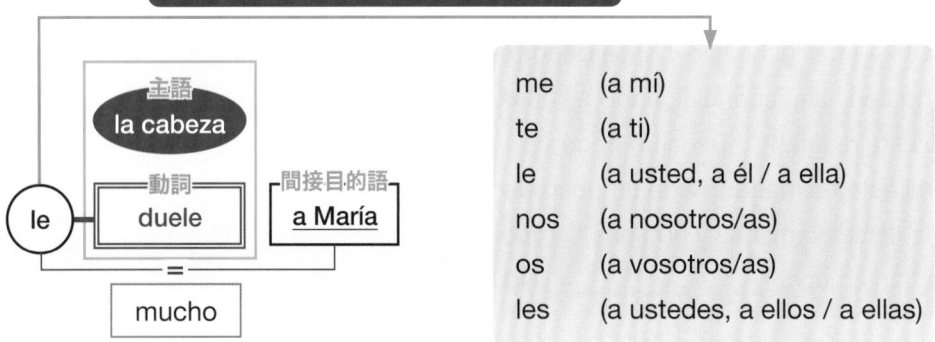

d)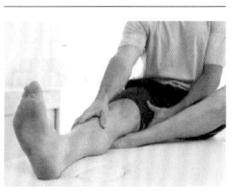

1. A Adriana le **duele** la cabeza.
   Quiere acostarse pronto.

2. A Alfonso le **duelen** las piernas.
   No puede jugar al tenis.

3. A Carla le **duelen** los dientes.
   Tiene que ir al dentista.

4. A Alberto le **duele** el estómago.
   No quiere comer.

6 A 文の構成を確認し、*duele / duelen* の適切な方を入れましょう。文の主語が青い文字になっています。
Mira la estructura de la frase y completa con *duele* o *duelen*.

A María le duele mucho la cabeza.

主語
la cabeza

動詞 — 間接目的語
le — duele — a María

=
mucho

me	(a mí)
te	(a ti)
le	(a usted, a él / a ella)
nos	(a nosotros/as)
os	(a vosotros/as)
les	(a ustedes, a ellos / a ellas)

1. Me _____ mucho los dientes.
2. Nos _____ mucho el estómago.
3. A Juan le _____ un poco las piernas.
4. ¿Os _____ el estómago?
5. ¿A ustedes les _____ la cabeza?
6. ¿Te _____ las piernas?

6 B 👥 自分が痛いところを１つ選びましょう。３人以上の人と次のように話しましょう。Elije una parte que te duele. Habla con más de tres compañeros de la clase.

Modelo:

A: ¿Qué te duele?
B: Me duelen los dientes. ¿Y a ti?
A: A mí me duelen las piernas. / A mí también.
B: Que te mejores.
A: Tú también.

Que te mejores.
お大事に

7 必要なところに*a*または代名詞を入れましょう。また動詞の正しい形を選びましょう。Completa con *a* y los pronombres y selecciona la forma correcta del verbo.

1. _____ Luis _____ duele / duelen la cabeza. Quiere volver pronto a casa.

2. A: ¿_____ duele / duelen el estómago?　　B: Sí, _____ duele / duelen mucho. Voy a ir al médico.

3. _____ mi abuela siempre _____ duele / duelen las piernas.

4. _____ duele / duelen los dientes porque siempre coméis mucho chocolate.

形容詞、動詞、名詞の修飾語　Cuantificadores

8 A　次のまとめを見て用法を確認しましょう。Fíjate en el uso de los cuantificadores.

muy / un poco + 形容詞 (adjetivo)		
a) とても～	muy + 形容詞	Está muy cansado.
b) 少し～	un poco +（否定的な意味の）形容詞	Está un poco triste.
c) あまり～でない	muy + 形容詞（否定文）	No está muy contento.

動詞 (verbo) + mucho / un poco		
a) とても～	動詞 + mucho	María estudia mucho.
b) 少し～	動詞 + un poco	Me duelen un poco las piernas.
c) あまり～でない	動詞 + mucho（否定文）	No me duele mucho la cabeza hoy.

mucho, mucha / un poco de + 単数名詞 (sustantivo en singular)		
a) たくさんの～	mucho / mucha + 単数名詞	Tengo mucho sueño.
b) 少し～	un poco de + 単数名詞	Mi hermano tiene un poco de fiebre.
c) あまり～でない	mucho / mucha + 単数名詞（否定文）	No tengo mucha hambre.

8 B　＿＿＿に *muy / mucho / mucha* を、＿＿＿に *un poco* か *un poco de* を入れて文章を完成させましょう。Completa ＿＿＿ con *muy / mucho / mucha* y ＿＿＿ con *un poco* o *un poco de*.

1. Carla siempre trabaja ＿＿＿＿＿＿＿＿ y está ＿＿＿＿＿＿＿ cansada hoy. Le duele ＿＿＿＿＿＿＿＿＿ la cabeza también. Va a acostarse pronto porque tiene ＿＿＿＿＿＿＿ sueño.

2. Abel está ＿＿＿＿＿＿＿ resfriado. Tiene ＿＿＿＿＿＿＿ fiebre. No tiene ＿＿＿＿＿＿＿ hambre, por eso esta noche va a cenar solo ＿＿＿＿＿＿＿.

接続詞　Conjunciones

9 A　🗣 列を結んで正しい文を作りましょう。Relaciona.

1. Yo	tenéis mucha sed.	Voy a cenar mucho esta noche.
2. Tú	están muy contentos.	Tienes que ponerte la chaqueta.
3. Ana	está muy resfriada.	Tienen que acostarse pronto.
4. Carlos y yo	tengo mucha hambre.	Vais a ir a una cafetería.
5. María y tú	tienen mucho sueño.	Queremos volver a casa.
6. Pedro y Juan	estamos muy cansados.	Van a salir con sus amigos.
7. Ustedes	tienes mucho frío.	Tiene que ir al médico.

9 B　🗣 **9** Aの内容で、*porque*（なぜならば）、*como*（～なので）、*por eso*（だから）のような表現を使って文を作り、ノートに書きましょう。Escribe en tu cuaderno las frases anteriores. Usa libremente *porque*, *como* o *por eso*.

Yo tengo mucha hambre, por eso voy a cenar mucho esta noche.
Como tengo mucha hambre, voy a cenar mucho esta noche.
Voy a cenar mucho esta noche porque tengo mucha hambre.

Unidad 11

アドバイス　Consejos

10 A  聞いて読み、ペアで練習しましょう。Escucha, lee y practica con tu compañero.

1.

A: ¿Qué te pasa?
B: No sé. Creo que tengo fiebre.
A: ¿Por qué no tomas esta medicina?
B: No, no es necesario.

2.
A: ¿Estás bien?
B: No. Me duele mucho la pierna.
A: ¿Vamos al hospital?
B: Sí, vamos.

10 B 写真を見て**10**Aと同じような会話をしましょう。Habla con tu compañero como en **10** A.

a)

b)

アドバイス
Consejos

¿Por qué no...
　tomas esta medicina?
　vas al médico?
　vuelves a casa?

健康的な生活　Vida sana

11 A 健康的な生活を送っていますか。質問に答えましょう。またペアの相手とも話しましょう。¿Llevas una vida sana? Contesta este cuestionario y habla con tu compañero.

	Yo	Mi compañero
1. ¿Cuántas horas duermes al día?		
2. ¿Te acuestas pronto?		
3. ¿Comes frutas y verduras regularmente?		
4. ¿Desayunas todos los días?		
5. ¿Cenas fuera de casa a menudo?		
6. ¿Cuántas veces a la semana haces deporte?		
7. ¿Cuántas horas al día usas el ordenador o el móvil?		
8. ¿Sales y hablas mucho con tus amigos?		

11 B **11**Aの結果を話しましょう。Habla sobre los resultados de **11** A.

Modelo:

A: Para tener una vida sana, hay que dormir ocho horas. Tú duermes muy poco. Creo que tienes que dormir más horas.
B: Para tener una vida sana es necesario comer frutas y verduras. Yo como verduras todos los días.

Para tener una vida sana...
　Hay que ＋ 不定詞
　Es necesario ＋ 不定詞
　Es importante ＋ 不定詞
　Es bueno ＋ 不定詞

ビデオ

▶ ビデオを見て、指示に従いましょう。Mira el vídeo y sigue las instrucciones.

12

De viaje

この課の目標 Seré capaz de:

● 過去の旅行中に行ったことや食べ物などについて話すことができる。Hablar sobre un viaje pasado (actividades realizadas, comida, etc.).

● 今年度の出来事について話すことができる。Hablar de los acontecimientos de este curso.

A ▶ 🔊 79 旅行の写真です。ビデオを見て読みましょう。Fotos de viajes. Mira el vídeo y lee.

1. En esta foto estoy en la plaza Mayor de Madrid. Fui en agosto. Una amiga vive allí. ¡Madrid es fantástico!

2. Esta es mi hermana. Fui con ella a Tailandia en mayo. Visitamos Ayutthaya. ¡Ayutthaya es impresionante!

B 👥 携帯電話に保存されている旅行の写真を探して、ペアの相手に見せて話しましょう。
Busca una foto de un viaje en tu móvil, enséñasela a tu compañero y habla.

En esta foto estoy en _____.
Fui en _____. Fui con _____.
¡_____ es fantástico / impresionante!

sesenta y siete **67**

過去の時を表す表現　Marcadores temporales

1 A 指定された日にちを入れて文章を完成させましょう。Escribe las fechas indicadas.

Enero

Lunes	Martes	Miércoles	Jueves	Viernes	Sábado	Domingo
① 1	2	3	4	5	② 6	
7	8	9	10	11	12	13
14	15	16	17	18	19	20
③ 21	22	23	24	25	26	27
28	29	30	31			

Me gusta mucho el mes de enero. **El uno de enero** ① es el día de Año Nuevo y **el** _____ ② es el día de los Reyes Magos. ¡Y **el** _____ ③ es mi cumpleaños!

1 B 今日の日付と今の時間を書きましょう。Escribe la fecha y hora actuales.

Hoy es _____ de _____. Son las / Es la _____.

1 C 以下の時を表す表現を参考にして、例のように数字や月を書きましょう。今の時間や日にちを基準にします。Toma como referencia la hora y la fecha actuales y completa la tabla.

時を表す表現　Marcadores temporales

ayer	el sábado (pasado)	hace una hora	hace tres horas
la semana pasada	el 2 de enero de 2015	hace un día	hace cuatro días
el mes pasado	en enero	hace una semana	hace cinco semanas
el año pasado	en 2015	hace un mes	hace seis meses
		hace un año	hace siete años

例) (Hoy es 19 de enero) el 15 de enero → hace __4__ días

1. a las 8 de la mañana → hace _____ horas
2. el _____ de _____ → hace una semana
3. el _____ de _____ de 20 _____ → hace un año
4. en agosto → hace _____ meses
5. en 2014 → hace _____ años
6. el _____ de _____ → ayer
7. el _____ de _____ → el domingo pasado
8. del _____ de _____ al _____ de _____ → la semana pasada
9. en _____ → el mes pasado
10. en _____ → el año pasado

動詞 *ir* 点過去　Pretérito perfecto simple: verbo *ir*

2 A 表の表現を参考に、最近の小旅行について文を書きましょう。Escribe sobre una de tus últimas excursiones que hiciste. Puedes usar las palabras de los recuadros.

En septiembre **fui** a Kioto con mis amigos.

1. いつ　cuándo	2. どこへ　a dónde	3. 誰と　con quién
el 3 de noviembre	a Asakusa	con Yuto
el domingo	a Kanazawa	con mis amigos
en marzo	a Fukushima	con mi familia
la semana pasada	a Hawái	con el club de tenis
hace quince días	a España	solo / sola

2 B ペアの相手と話しましょう。 Habla con tu pareja como el modelo.

Modelo:

A: ¿A dónde fuiste?　　　　　　　　B: Fui a Kioto.

A: ¿Cuándo fuiste a Kioto?　　　　　B: Fui en noviembre.

A: ¿Con quién fuiste?　　　　　　　B: Fui con mis amigos.

2 C ペアの相手の話を他の人に伝えましょう。 Presenta la información de tu pareja.

Modelo:

En noviembre Daisuke fue a Kioto con sus amigos.

3 ペアの相手といっしょに行った場所を決めます。
他のペアと話しましょう。 Elige un lugar a donde fuiste
con tu pareja. Habla con otras parejas de la clase.

Modelo:

A: ¿A dónde fuisteis vosotros?

B: Fuimos a Kioto. ¿Y vosotros?

A: Fuimos a Hokkaido.

4 動詞 ir の点過去の活用表を完成させましょう。 Completa.

yo	fui	nosotros / nosotras	
tú		vosotros / vosotras	
él / ella, usted		ellos / ellas, ustedes	fueron

5 A 動詞 ir の点過去の適切な形を入れ、文を完成させましょう。 Completa con el verbo *ir* en pretérito perfecto
simple.

1. En septiembre Ana y yo _____ a Perú.

2. A: ¿_____ usted solo a Corea?　　B: No, _____ con mi familia.

3. Nosotros _____ a Seúl en noviembre, pero nuestros amigos _____ en diciembre.

4. A: ¿Conoces Barcelona?　　B: Sí, _____ hace dos años.

5. En las vacaciones mis padres _____ a Hawái. ¡Qué envidia!

6. A: ¿Con quién _____ a Nagano?　　B: Con nuestros amigos.

5 B 適切な語を入れて文を完成させましょう。 Completa con una palabra.

1. Mi amigo Roberto y yo fuimos _____ Okinawa _____ verano.

2. _____ mes pasado fui _____ Kioto _____ mi familia.

3. Me encanta Seúl. Fui _____ dos años.

4. A: ¿Fuiste a Asakusa _____ tus amigos?　　B: No, fui _____ mi novia.

5. _____ septiembre fui _____ Disney Sea.

6. A: ¿Fuisteis _____ Nagano _____ semana pasada?

   B: No, fuimos _____ dos semanas.

点過去規則活用　Pretérito perfecto simple: conjugación regular

6 A 🔊 聞いて読み、質問に答えましょう。Lee y contesta.

Mana: En las vacaciones de verano fui a España con mi familia.

Tomás: ¡Qué bien! ¿A dónde fuisteis?

Mana: Fuimos a Madrid, a Granada y a Barcelona.

Tomás: Yo también conozco Granada. Me encanta.

Mana: ¿Ah, sí? En Granada visitamos la Alhambra. También vimos flamenco. Y comimos mucho: jamón, gazpacho...

1. ¿A dónde fue Mana en las vacaciones de verano?
2. ¿Con quién fue?
3. ¿Qué ciudades visitaron?
4. ¿Qué visitaron en Granada?
5. ¿Qué vieron?
6. ¿Qué comieron?

6 B それぞれの動詞の現在形の活用を書きましょう。また点過去の活用形を、6 Aを参考にして書きましょう。Completa las tablas de conjugación.

	visitar		comer		escribir	
	presente 現在	perfecto simple 点過去	presente 現在	perfecto simple 点過去	presente 現在	perfecto simple 点過去
yo	visito	visité	como	comí		escribí
tú		visitaste		comiste		escribiste
él		visitó		comió		escribió
nosotros					escribimos	
vosotros		visitasteis		comisteis		escribisteis
ellos						

6 C 🔊 聞きましょう。動詞 *visitar* と *comer* の点過去の活用形で、強勢が置かれる母音に○をつけてください。Escucha y marca con un círculo la vocal tónica.

visité	visitaste	visitó	visitamos	visitasteis	visitaron
comí	comiste	comió	comimos	comisteis	comieron

6 D 🔊 *escribir* の活用形で強勢を置いて発音される母音に○をつけましょう。次に聞いて確認しましょう。Marca la vocal tónica. Escucha y comprueba.

escribí	escribiste	escribió	escribimos	escribisteis	escribieron

6 E 次の動詞の点過去の活用形を書きましょう。Conjuga en pretérito perfecto simple.

1. tú, escuchar _____
2. él, estudiar _____
3. yo, comprar _____
4. vosotros, beber _____
5. ellas, ver _____
6. usted, salir _____
7. nosotros, volver _____
8. ellos, empezar _____

7 括弧内から動詞を選んで適切な形にして文を完成させましょう。Elige el verbo y completa.

1. En abril mis padres _____ a Madrid. _____ el Museo del Prado y _____ jamón. (visitar, ir, comer)

2. Hace dos semanas mis compañeros y yo _____ a un restaurante español cerca de la universidad. _____ paella y _____ sangría. (beber, ir, comer)

3. En las vacaciones de verano Yusuke _____ a México. Antes de ir, _____ libros y _____ la historia del país. En México _____ muchos museos. (comprar, ir, visitar, estudiar)

4. En agosto Rei _____ a España en avión. En el avión _____ música, _____ tres películas y _____ su diario. (escribir, ir, escuchar, ver)

2つの過去（点過去と線過去） Dos tiempos verbales de pasado

8 A 図と表を見ながら2つの過去の使い分けについて話しましょう。Fíjate en los usos del pretérito perfecto simple y del imperfecto.

En marzo fui a Granada. En Granada visité la Alhambra y comí mucho.

行為 Acciones

状態 Estado

En la Alhambra había muchos turistas.　　　La comida era deliciosa.

点過去 perfecto simple 行為 acciones	線過去 imperfecto 状態 estado		
¿Qué hizo? 行ったこと	¿Cómo era /estaba? どうだったか		¿Qué había? 何があったか
	era / eran （現在：es / son）	estaba / estaban （está / están）	había （hay）
fui, fuiste, fue… visité, visitaste, visitó… comí, comiste, comió… vi, viste, vio…	interesante grande bonito impresionante	cerrado abierto	mucha gente muchos turistas muchos restaurantes

8 B 旅行について話し、見たものの様子や感想も述べましょう。1、2の表現を使ってください。Habla con tu compañero. Di también lo que viste y la impresión que tuviste. Usa las pistas.

Modelo:

A: ¿A dónde fuiste?　　　　　　　　　B: Fui a Kioto.

A: ¿Cuándo fuiste a Kioto?　　　　　　B: Fui en septiembre.

A: ¿Con quién fuiste?　　　　　　　　B: Fui con mis amigos.

A: ¿Qué visitaste?　　　　　　　　　B: Visité muchos templos y el castillo Nijoojoo

A: ¿Cómo era Nijoojoo?　　　　　　　B: Era impresionante. Había mucha gente.

1. Barcelona / la Sagrada Familia / muy grande y muy bonita / muchos turistas
2. Madrid / el estadio Santiago Bernabéu / impresionante / mucha gente

Unidad 12

旅行　De viaje

9 A 写真の下にそれぞれの場所の名前を書きましょう。Escribe los nombres debajo de las fotos.

Machu Picchu　　Líneas de Nazca　　Lago Titicaca　　Desierto costero　　Cuzco

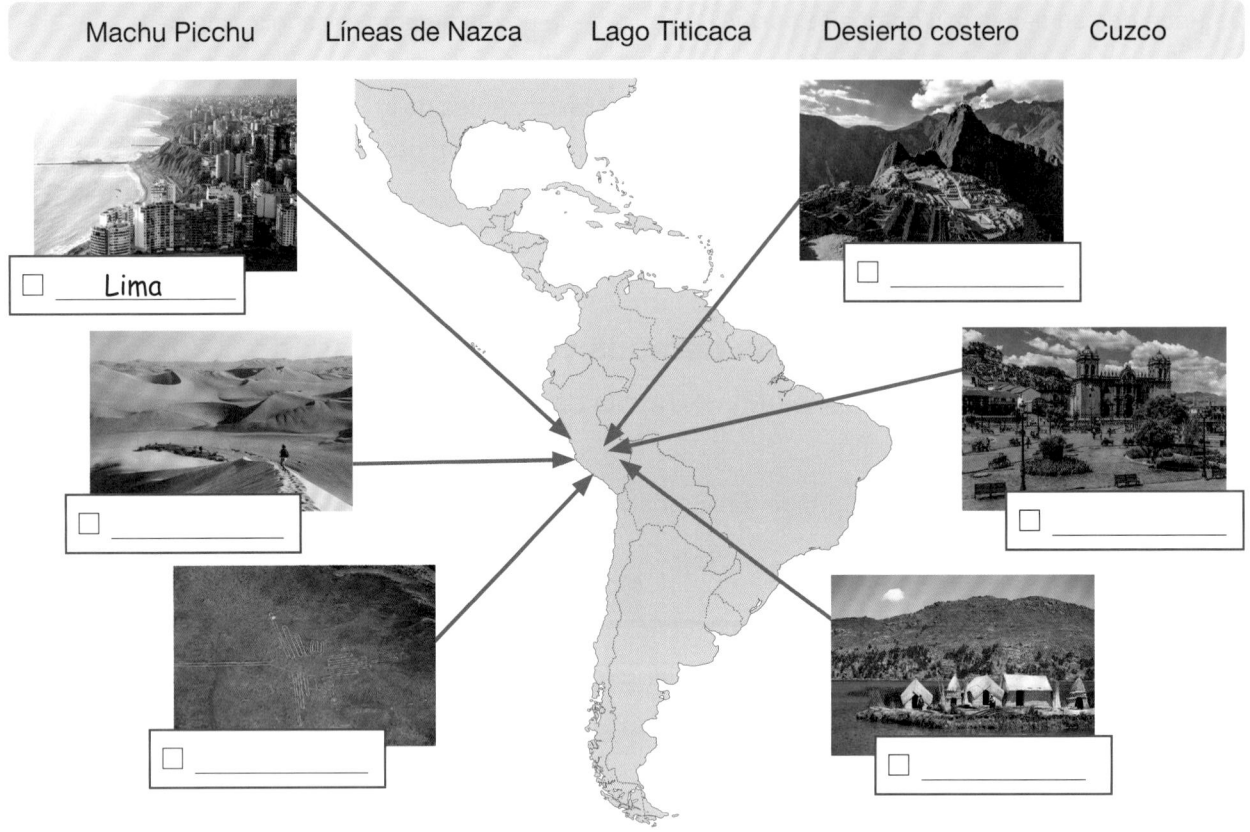

☐ Lima

☐ _____

☐ _____

☐ _____

☐ _____

☐ _____

9 B 🔊 聞いて、行った順番に番号を書きましょう。Escucha y numera los lugares que visitó.

今年度の出来事　Acontecimientos de este curso

10 A 🔊 枠内の動詞を使って、文章を完成させましょう。聞いて確認しましょう。Completa con los verbos del recuadro. Después escucha y comprueba.

terminar　　empezar　　viajar　　conocer　　entrar　　participar　　ir

Mi primer año en la universidad

En febrero **terminé** el instituto. En abril _____ en la universidad y _____ a mis compañeros.

También _____ a estudiar español y_____ en el club de tenis. En mayo _____ a

Kamakura con mis compañeros del club. En las vacaciones de verano _____ a Corea con mi

familia. En septiembre _____ a trabajar de camarera en un restaurante español. Y en noviembre

_____ en la fiesta de mi universidad. El próximo año quiero estudiar más español. ¡Y en las

vacaciones de primavera voy a _____ a España!

---

10 B 今年1年について、10Aのような文章を書きましょう。Escribe una composición similar a la de 10 A sobre este curso y tus planes para el próximo curso.

ビデオ

▶ ビデオを見て、指示に従いましょう。Mira el vídeo y sigue las instrucciones.

Unidad 3

8 👥 モデルのように話しながら、表を完成させましょう。 Habla con tu compañero y completa.

Alumno A → p.17

Modelo:

B: ¿Dónde está María?

A: Está en Argentina.

María	
tú	
ustedes	
Juan y tú	

Fernando	México
usted	Bolivia
María y tú	Venezuela
José y Álvaro	Chile

Unidad 4

7 B 👥 お互いに何時か聞き、答えましょう。相手の答えを算用数字で書き取り、あとで正しいかどうか確認しましょう。 ¿Qué hora es? Pregunta al compañero. Escribe su respuesta con números y comprueba después.

Alumno A → p.23

1. _____

2.

3. _____

4.

5. _____

6.

7. _____

8.

9. _____

10.

Unidad 5

6 B 👥 写真を見て年齢を尋ねましょう。ペアの相手の質問に答えましょう。 Mira las fotos. Pregunta a tu compañero la edad de las personas. Contesta a sus preguntas.

Modelo:

B: ¿Cuántos años tiene Daniel?

A: Tiene 33 años.

Alumno A → p.29

1. Daniel _____
2. Luisa 67
3. Raquel _____
4. Pedro 80
5. Noel y Naia _____

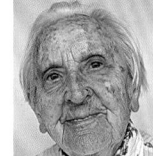    

6. Josefa 98
7. Miguel _____
8. Andrés 15
9. Beatriz _____
10. Clara y Ana 21

Unidad 8

8 相手に単位あたりの値段を聞きましょう。また相手の質問に答えましょう。Pregunta el precio. Contesta.

Modelo:
B: ¿Cuánto cuestan las naranjas?　A: Cuestan un euro con cincuenta el kilo.

Alumno A → p.48

1. barra de pan
0,60 €

2. naranjas
_____

3. manzanas
3,45€/kg

0,25€	veinticinco céntimos
7€	siete euros
3,50€	tres euros con cincuenta
6€/kg	seis euros el kilo

4. leche
_____

5. carne 13,15€/kg

6. salmón
_____

Unidad 11

2 ペアの相手に下のそれぞれの人の体調を尋ねましょう。またペアの相手の質問に答えましょう。Pregunta a tu compañero y contesta a sus preguntas sobre el estado de cada persona.

Modelo:
B: ¿Cómo está Vicente?　　A: Creo que está aburrido.

Alumno A → p.62

1. Vicente
2. Raquel
3. Juan y Laura
4. Borja e Inés
5. Luis y Belén

6. Paula
7. tus hermanos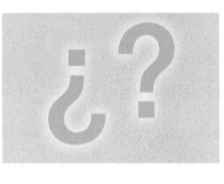
8. tus padres
9. Marta y tú
10. Ken y tú

Unidad 1　目標達成　¿Eres capaz?

A 写真が表す語をスペイン語で書きましょう。 Fíjate en las fotos y completa.

例)

Cuba　1. _____　2. _____　3. _____　4. _____　5. _____

B 次のような場合、スペイン語で何と言いますか。 ¿Qué dices en las siguientes situaciones?

1. 朝、友達に会った。Ves a un amigo por la mañana.
2. ¿Qué tal? と聞かれた。Te preguntan "¿qué tal?".
3. 人の名前を知りたい。Quieres saber el nombre de una persona.
4. 名前のスペイン語のつづりを聞かれた。Te piden que deletrees tu nombre y apellido.
5. 相手が早口で聞き取れない。Te hablan muy rápido y no entiendes.

9-10: Muy bien　　7-8: Bien　　5-6: Regular　　0-4: No muy bien

Unidad 2　目標達成　¿Eres capaz?

A それぞれの人の国籍と職業を書きましょう。 Escribe de dónde son y qué profesión tienen.

例)

Ella es canadiense.
Es secretaria.

1.
_____

2.
_____

3.
_____

4.
_____

5.
_____

B 次のような場合、スペイン語で何と言いますか。 ¿Qué dices en las siguientes situaciones?

1. 日本人かどうか聞かれた。Te preguntan si eres japonés o japonesa.
2. 教師かどうか聞かれた。Te preguntan si eres profesor o profesora.
3. スペイン語を話すMaríaの国籍を知りたい。María habla español. Quieres saber su nacionalidad.
4. RobertoとJuanの国籍を言いたい。Di la nacionalidad de Roberto y Juan.
5. 友人に職業を聞きたい。Pregunta a tu compañero su profesión.

9-10: Muy bien　　7-8: Bien　　5-6: Regular　　0-4: No muy bien

Unidad 3　目標達成　¿Eres capaz?

A 写真を見て文を書きましょう。**動詞serかestarを使ってください。**Fíjate en las fotos y escribe una frase. Puedes usar *ser* o *estar*.

例） La universidad es muy famosa. / Mi universidad está en Osaka.

1. _____　2. _____

3. _____　4. _____

5. _____

B 次のような場合、スペイン語で何と言いますか。 ¿Qué dices en las siguientes situaciones?

1. 大学がどこにあるか言う。Di dónde está tu universidad.

2. 自分の大学がどんな大学かを言う。 Di cómo es tu universidad.

3. 自分のスペイン語の先生がどんな人か言う。Di cómo es tu profesor(a) de español.

4. 自分の住んでいる街がどこにあり、どんな街か話す。Habla de tu ciudad. Di dónde está y cómo es.

5. 自分の大学の学生がどんな学生かを言う。Di cómo son los estudiantes de tu universidad.

9-10: Muy bien	7-8: Bien	5-6: Regular	0-4: No muy bien

Unidad 4　目標達成　¿Eres capaz?

A 写真を見て文を書きましょう。Fíjate en las fotos y escribe una frase.

例） Los viernes por la mañana estudio geografía en la universidad.

1. _____　2. _____

3. _____　4. _____

5. _____

B 次のような場合、スペイン語で何と言いますか。¿Qué dices en las siguientes situaciones?

1. 時刻を知りたい。Quieres saber la hora.

2. 何時に夕食を食べるか聞かれた。Tu compañero te pregunta la hora a la que cenas.

3. 何曜日にスペイン語を勉強するか聞かれた。Te preguntan qué día de la semana estudias español.

4. 英語を話せるかどうか聞かれた。Te preguntan si hablas inglés.

5. 働いているかどうか、またどこで働いているかを言う。Le dices a tu compañero si trabajas o no y dónde.

9-10: Muy bien	7-8: Bien	5-6: Regular	0-4: No muy bien

Unidad 5　目標達成　¿Eres capaz?

A 写真の人の容姿などを表す文を書きましょう。Describe a las siguientes personas brevemente.

例)

例) Es un poco serio.

2. _____

4. _____

1. _____

3. _____

5. _____

B 次のような場合、スペイン語で何と言いますか。　¿Qué dices en las siguientes situaciones?

1. 相手に兄弟がいるかどうか知りたい。Quieres saber si tu compañero tiene hermanos o no.
2. 相手の両親の年齢を知りたい。Quieres saber la edad de los padres de tu compañero.
3. おじいさんがどんな人か聞かれた。Te preguntan sobre cómo es tu abuelo.
4. 車を持っているかどうか聞かれた。Te preguntan si tienes coche.
5. 相手に恋人がいるかどうか聞く。Pregunta a tu compañero por su situación sentimental.

9-10: Muy bien	7-8: Bien	5-6: Regular	0-4: No muy bien

Unidad 6　目標達成　¿Eres capaz?

A 写真を見て、文を書きましょう。*ir, querer, estar, hay* などの動詞を使ってください。Fíjate en las fotos y escribe frases. Puedes usar los verbos *ir, querer, estar* y *hay*.

例)

例) En verano, quiero ir a la playa. / En España hay playas muy bonitas.

1. _____

3. _____

5. _____

2. _____

4. _____

B 次のような場合、スペイン語で何と言いますか。¿Qué dices en las siguientes situaciones?

1. 相手の8月の予定を知りたい。Quieres saber los planes de tu compañero para agosto.
2. 自分が夏休みに何をしたいかを話す。Expresa un deseo para tus vacaciones de verano.
3. 試験に合格するには何をしなければいけないか聞かれた。Te preguntan qué tienes que hacer para aprobar el examen.
4. 住んでいる街に何があるか聞かれた。Te preguntan qué hay en tu ciudad.
5. 日曜日に何をするか、なぜそれをするかを聞かれた。Te preguntan qué vas a hacer el domingo y por qué.

9-10: Muy bien	7-8: Bien	5-6: Regular	0-4: No muy bien

Unidad 7　目標達成　¿Eres capaz?

A 次の活動をあなたがどのぐらいの頻度で行うかについての文を書きましょう。Escribe con qué frecuencia haces las siguientes actividades.

例）　　　　1.　　　　2.　　　　3.　　　　4.　　　　5.

例）Yo hago deporte tres veces a la semana.　　　1. _____

2. _____　　　3. _____

4. _____　　　5. _____

B 次のような場合、スペイン語で何と言いますか。¿Qué dices en las siguientes situaciones?

1. 余暇に何をするのが好きか聞かれた。Te preguntan qué te gusta hacer en tu tiempo libre.
2. どんな音楽が好きか聞かれた。Te preguntan sobre tus gustos musicales.
3. なぜスペイン語を勉強するか聞かれた。Te preguntan por qué estudias español.
4. 映画に誘われたが断った。その理由を言う。Te invitan a ir al cine. Explicas por qué no puedes ir.
5. 友人にどのくらいの頻度でスポーツをするかを言う。Pregunta a tu compañero la frecuencia con la que hace deporte.

9-10: Muy bien　　　7-8: Bien　　　5-6: Regular　　　0-4: No muy bien

Unidad 8　目標達成　¿Eres capaz?

A 次の店で何を買うかについて文を書きましょう。Escribe qué compramos en las siguientes tiendas.

例）　　1.　　2.　　3.　　4.　　5.

例）En la frutería compramos fruta.　　　1. _____

2. _____　　　3. _____

4. _____　　　5. _____

B 次のような場合、スペイン語で何と言いますか。¿Qué dices en las siguientes situaciones?

1. 眼鏡の値段を知りたい。 Quieres saber el precio de unas gafas.
2. 洋服店でいらっしゃいませと言われた。En una tienda de ropa te preguntan en qué te pueden ayudar.
3. 洋服店でどのようなシャツが欲しいか説明する。En una tienda de ropa explica cómo quieres la camisa.
4. 先生が着ている服について話す。Di algo sobre la ropa de tu profesor.
5. 相手に今自分が着ている服のどれかについて、それが好きかどうか聞く。Pregunta a tu compañero si le gusta alguna de tus prendas.

9-10: Muy bien　　　7-8: Bien　　　5-6: Regular　　　0-4: No muy bien

Unidad 9　目標達成　¿Eres capaz?

A 写真の食べ物の名前を書きましょう。Di el nombre de los siguientes platos.

例)　　　　1.　　　　2.　　　　3.　　　　4.　　　　5.

例) sopa de marisco

2. _____

4. _____

1. _____

3. _____

5. _____

B 次のような場合、スペイン語で何と言いますか。 ¿Qué dices en las siguientes situaciones?

1. クレジットカードで支払えるかどうか聞く。Pregunta por la posibilidad de pagar con tarjeta de crédito.

2. スペインレストランで注文する。Pide lo que quieres comer en un restaurante español.

3. タパスのバルで注文する。Pide lo que quieres comer en un bar de tapas.

4. 料理ができるかどうか聞かれた。Te preguntan si sabes cocinar.

5. 相手に自分が知っているレストランを推薦する。Recomienda a tu compañero un restaurante que conoces.

9-10: Muy bien　　　7-8: Bien　　　5-6: Regular　　　0-4: No muy bien

😉　　　🙂　　　😐　　　😖

Unidad 10　目標達成　¿Eres capaz?

A あなたが次のことをいつ/何時に行うかについての文を書きましょう。Escribe cuándo o a qué hora haces las siguientes actividades.

例)　　　　1.　　　　2.　　　　3.　　　　4.　　　　5.

例) Siempre me ducho por la mañana.

2. _____

4. _____

1. _____

3. _____

5. _____

B 次のような場合、スペイン語で何と言いますか。 ¿Qué dices en las siguientes situaciones?

1. 何時に起きるか聞かれた。Te preguntan a qué hora te levantas.

2. あなたの住んでいる街の 1 月の気候を聞かれた。Te preguntan por el tiempo en tu ciudad en enero.

3. 朝起きてから何をするか言う。Di qué haces después de levantarte.

4. 相手に寝る時間を聞く。Pregunta a tu compañero a qué hora se acuesta.

5. 日本のお祭りの名前とそれがいつかを言う。Di el nombre de una fiesta japonesa y cuándo se celebra.

9-10: Muy bien　　　7-8: Bien　　　5-6: Regular　　　0-4: No muy bien

Unidad 11 目標達成 ¿Eres capaz?

A 写真を見て、次の人たちの体調についての文を書きましょう。 Fíjate en las fotos y escribe frases sobre el estado de las siguientes personas.

例)　　　　　1.　　　　　2.　　　　　3.　　　　　4.　　　　　5.

例) Está muy contenta.

2. _____

4. _____

1. _____

3. _____

5. _____

B 次のような場合、スペイン語で何と言いますか。 ¿Qué dices en las siguientes situaciones?

1. 元気かどうか聞かれた。 Te preguntan cómo estás.
2. 病気にならないためのアドバイスを求められた。 Te piden un consejo para no estar enfermo.
3. 相手が熱があるのでどうしたらいいか言う。 Tu compañero tiene fiebre. Dale un consejo.
4. 相手が歯が痛いのでどうしたらいいか言う。 A tu compañero le duelen los dientes. Dile qué tiene que hacer.
5. おなかがすいているとき自分は何をするか言う。 Tienes mucha hambre, ¿qué vas a hacer?

9-10: Muy bien　　7-8: Bien　　5-6: Regular　　0-4: No muy bien

Unidad 12 目標達成 ¿Eres capaz?

A 写真を見て、過去形を使って文を作りましょう。 Fíjate en las fotos y escribe frases en pasado.

例)　　　　　1.　　　　　2.　　　　　3.　　　　　4.　　　　　5.

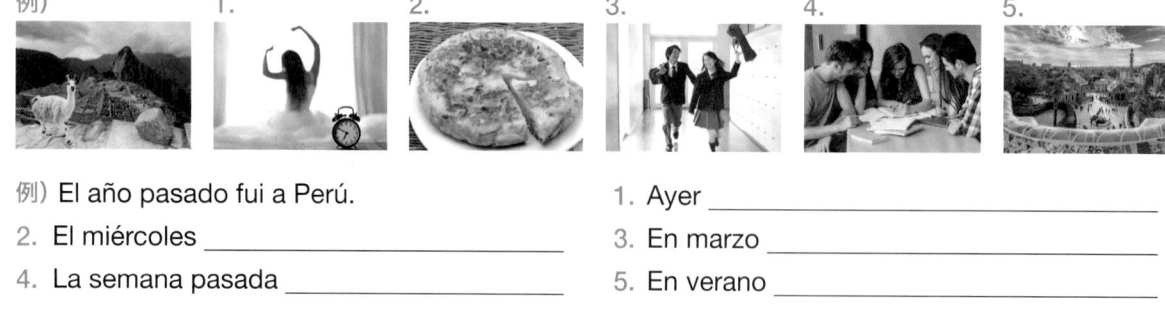

例) El año pasado fui a Perú.

2. El miércoles _____

4. La semana pasada _____

1. Ayer _____

3. En marzo _____

5. En verano _____

B 次のような場合、スペイン語で何と言いますか。 ¿Qué dices en las siguientes situaciones?

1. 最近の旅行で誰とどこに行ったかを言う。 Di a dónde fuiste y con quién en tu último viaje.
2. 家で最近スペイン語を勉強したのがいつか聞かれた。 Te preguntan cuándo estudiaste español en casa por última vez.
3. 相手に最近の旅行はいつどこに行ったかを聞く。 Pregunta a tu compañero cuándo y a dónde viajó por última vez.
4. 相手に土曜日の夜に何をしたかを聞かれた。 Te preguntan qué hiciste el sábado por la tarde.
5. いつ大学に入学したか聞かれた。 Te preguntan cuándo entraste en la universidad.

9-10: Muy bien　　7-8: Bien　　5-6: Regular　　0-4: No muy bien

［デザイン］小机菜穂

本書の写真及びイラストはShutterstock.comのライセンス許諾により使用しています。

［音声］
Karla Toledo Velarde
Atziri Mariana Quintana Mexiac
Víctor Manuel Hernández Vázquez
Carlos García Ruiz-Castillo
Juan Carlos Moyano López

［ビデオ］
制作： Txabi Alastruey
　　　 Carlos García Ruiz-Castillo
　　　 Juan Carlos Moyano López
協力： 清泉女子大学, La Tapería, Bar Trompa 他

いいね！スペイン語
コンパクト版

検印
省略　　　©2022年1月30日　　初版発行
　　　　　2024年1月30日　　第2刷発行

著　者　　　ファン・カルロス・モヤノ・ロペス
　　　　　　カルロス・ガルシア・ルイス・カスティージョ
　　　　　　廣　康　好　美

発行者　　　原　　雅　久
発行所　　　株式会社 朝 日 出 版 社
　　　　　　〒101-0065 東京都千代田区西神田3-3-5
　　　　　　TEL (03) 3239-0271・72（直通）
　　　　　　振替口座 東京 00140-2-46008
　　　　　　http://www.asahipress.com/
　　　　　　メディアアート／図書印刷

乱丁・落丁本はお取り替えいたします。
ISBN 978-4-255-55128-9 C1087